Marcus X. Schmid

111 Orte
in Istanbul,
die man gesehen
haben muss

Mit Fotografien von Halûk Uluhan

emons:

Bibliografische Information der Deutschen Nationalbibliothek
Die Deutsche Nationalbibliothek verzeichnet diese Publikation
in der Deutschen Nationalbibliografie; detaillierte bibliografische
Daten sind im Internet über http://dnb.d-nb.de abrufbar.

© Emons Verlag GmbH
Alle Rechte vorbehalten
© alle Fotografien: Halûk Uluhan
Lektorat: Michael Danhardt
Gestaltung: Eva Kraskes, nach einem Konzept
von Lübbeke | Naumann | Thoben
Kartografie: altancicek.design, www.altancicek.de
Kartenbasisinformationen aus Openstreetmap,
© OpenStreetMap-Mitwirkende, ODbL
Druck und Bindung: B.O.S.S Druck und Medien GmbH, Goch
Printed in Germany 2014
ISBN 978-3-95451-333-8
Originalausgabe

Unser Newsletter informiert Sie
regelmäßig über Neues von emons:
Kostenlos bestellen unter
www.emons-verlag.de

Vorwort

Istanbul entwickelt sich so rasant wie keine andere Stadt Europas. Oder Asiens? Schließlich liegt die Stadt da, wo Europa und Asien sich küssen – 17 Millionen Einwohner, auf zwei Kontinente verteilt.

Man kann Istanbul unter vielen Aspekten angehen. Für Archäologen und Historiker ist die Stadt ein von Wasser umspültes Museum, in dem noch unentdeckte Schätze begraben liegen. Der Konsument schiebt sich durch das Gedränge des Großen Basars, verliert sich in Souvenirläden oder taucht in die glitzernden Welten moderner Shopping-Malls ein. Der Gourmet lässt sich die vielfältige Vorspeisenplatte zeigen, aus der er dann die richtige Zusammenstellung wählt, und schielt bereits auf die Fische der Nachbartische. Der Flaneur – dessen Position wir gerne einnehmen – lässt sich treiben und setzt sich den Eindrücken aus. Er streift durch die Straßen, hat ein Auge für die byzantinischen Überreste, für die Pracht osmanischer Paläste, für die Denkmäler der Republik und für die Architektur des 21. Jahrhunderts. Auf griechischen, jüdischen und armenischen Spuren spürt er eine kosmopolitische Vergangenheit, auf die man in Istanbul noch heute stolz ist. In den Straßen macht er sich Gedanken über das Nebeneinander von stöckelnder Eleganz und schwarz verschleierten Gestalten und überlegt sich, in welche Richtung die Istanbuler Gesellschaft wohl treibt. In seiner Nase konkurrieren die Düfte der Kebaplokale mit denen der Fischrestaurants. Jedes Gericht eine Geschichte. Und hinter jeder Geschichte eine weitere Geschichte. Die Istanbuler sind gute Geschichtenerzähler.

All die Eindrücke verarbeitet der Flaneur am liebsten im Café, vorzugsweise am Bosporus, wo er dem regen Schiffsverkehr zusehen kann. Dort untersucht er das Sammelgut des Tages. Da ein grünes Steinchen, dort ein rotes Steinchen, vielleicht wird's ein Mosaik. So ungefähr ist dieses Buch entstanden.

111 Orte

1___Agora Meyhanesi

Die authentische Kneipe der einsamen Herzen

»Das hier ist die Agora-Kneipe / Hier erlebt man die verrückteste und fürstlichste aller Lieben« – jeder Rakı-Trinker kennt den Refrain, und mancher hat ihn mitgegrölt. Der Text stammt von Zeki Müren (1931–1996), einem der populärsten türkischen Chansonniers, der dafür bekannt war, dass er oft in femininem Glitzer und Netzstrümpfen auftrat. Das Agora Meyhanesi, die Kneipe der einsamen Herzen, soll wiedereröffnen, stand im Internet zu lesen. Ein bekannter Filmregisseur hätte das berühmte, seit Jahren geschlossene Lokal gekauft.

Tatsächlich: Im Meyhane des alten jüdischen Viertels Balat ist Licht. Es ist eine Weinstube wie vor einem halben Jahrhundert. Die Holzwände wurden neu lackiert, die Decke ist repariert, sonst ist das Interieur belassen: Verblichene Fotos zieren die Wände, das Licht ist gedämpft. Am Nebentisch ein einsamer Rakı-Trinker mit ein paar Vorspeisen. Der Kellner sieht aus, als wäre er als solcher geboren, der Wirt ist freundlich, das Essen preiswert. Das Agora Meyhanesi ist einfach »authentisch«.

Schließlich erkundigen wir uns, ob der bekannte Regisseur und Besitzer überhaupt ab und zu auftauche – und erfahren die Wahrheit. Das von Zeki Müren besungene Meyhane befindet sich ein paar Häuser weiter. Der Regisseur hat das Haus tatsächlich gekauft und wird es wohl 2014 eröffnen. Unser Wirt hat vor sechs Jahren eine alte Balater Kneipe übernommen und sie einfach »Agora Meyhanesi« genannt – Zeki Müren zu Ehren (und wohl auch der Reklame wegen).

Es könnte zu einem Namensstreit kommen. Das neue Lokal wird wohl ein schickes, »authentisches« Lokal sein, vielleicht zum teuren Geheimtipp für Leute aus der Fernsehbranche avancieren – in einem Stadtteil, in dem sonst keiner zum Essen ausgeht. Und bestimmt wird dort ein Plakat von Zeki Müren an der Wand hängen. Wir ziehen unsere authentische Balater Kneipe vor, die sich »Agora Meyhanesi« nennt – noch.

Adresse Vodina Cad. 128, Balat | **ÖPNV** einfacher mit dem Taxi | **Tipp** Wenn es eröffnet hat, hingehen: Ein paar Häuser weiter steht das originale Agora Meyhanesi. Und dann entscheiden: Welches von beiden ist das authentische?

2 Akaretler

Schöner wohnen im Reihenhaus

Sultan Abdülmecid I. wollte umziehen, der Topkapı-Palast schien ihm zu alt und zu düster. Im Juni 1856 war es so weit. Nach knapp zehnjähriger Bauzeit konnte der Herrscher seine neue Residenz am Bosporus beziehen, den Dolmabahçe-Palast. Damit zumindest die höheren Beamten eine Unterkunft in der Nähe des Sultans hatten, wurden rund 20 Jahre später die heute »Akaretler« (Liegenschaften) genannten Häuserreihen gebaut.

Das Konzept stammt von Sarkis Balyan, Spross einer armenischen Architektendynastie. Gegenüber dem östlichen Ende des Palastes ließ er an zwei Straßen, die zu einem Ypsilon zusammenlaufen, im klassizistischen Stil einheitliche Reihenhäuser bauen, insgesamt 133 Wohneinheiten auf 66 Parzellen. Zur einen Seite zeigen die Häuser einen Vorsprung mit Balkon darüber, zur anderen nur einen Balkon. Nach einer 2008 abgeschlossenen, kompletten Restaurierung präsentieren sich die in beigebrauner Farbe gehaltenen Akaretler wieder wie zu Sultans Zeiten.

Nach der Restaurierung kamen andere Bewohner: Die Akaretler sind nach den neuesten Standards renoviert, die Wohnungen luxuriös, die Lage ist Gold wert. In der Erdgeschosszeile haben sich elegante Cafés und schicke Boutiquen eingerichtet. Das Architekturbüro »Autoban« zeigt Innendekoration und Design vom Feinsten. Auch der minimalistische Juwelier, der sich darauf beschränkt, zwei Brillanten ins Schaufenster zu legen, passt gut hierher. Am Punkt, wo die beiden Häuserreihen sich treffen, hält die weltbekannte Luxushotelkette »W« den besten Platz besetzt.

Nicht zum Konzept des armenischen Architekten gehören die beiden Wohntürme, die in der Gabel des Ypsilons versteckt sind. Sie gehören dem Fußballclub Beşiktaş, der hier mit Mietwohnungen seine Einnahmen aufbessert. Am oberen Ende der Akaretler steht die Büste von Süleyman Seba: Er kickte für den Club und war später dessen langjähriger Präsident.

Adresse Spor Cad., Şair Nedim Cad. | **ÖPNV** Tram T 1, Haltestelle Kabataş, oder Untergrund-Drahtseilbahn Taksim–Kabataş, untere Haltestelle, und jeweils 20 Minuten zu Fuß; Schiff, Anlegestelle Beşiktaş | **Tipp** C.A.M.: Die Kunstgalerie ist spezialisiert auf zeitgenössische Kunst und Fotografie (Şair Nedim Cad. 25A).

3 Akın Balık

Bettelnde Katzen unter dem Tisch

Der schönste Weg zum Fischrestaurant Akın Balık führt von der Galatabrücke am Ufer entlang und ist obendrein appetitanregend. Der Fischmarkt von Karaköy ist klein, aber populär. Die Fischer verkaufen den Fang meist selbst. Der eine hat mehr im Angebot, der andere weniger. Die Käufer vergleichen nicht die Preise – die unterscheiden sich ohnehin nur minimal – sondern die Qualität. Der Ausländer merkt sich vielleicht den Namen des Fisches und hofft, diesen auf der Karte des Akın Balık wiederzufinden.

Am Ende des Fischmarktes standen bis vor wenigen Jahren zwei Restaurants, eines war das Akın Balık. Seit auch Touristen die schöne Lage am Goldenen Horn entdeckt haben, hat sich die gastronomische Szene zwar vergrößert, doch das Akın Balık ist immer noch die beste Adresse. Man hat hier keinen Beton unter den Füßen, sondern richtige Istanbuler Erde, aus der hier und dort etwas Grün sprießt. Kein Verkehrslärm, das hebt die Stimmung.

Der Kellner stellt das Angebot an Vorspeisen vor und fragt nach dem Getränk. Bier gibt's nur aus der Dose, und Tee – so spottet die hauseigene Reklame gegen besseres Wissen – gibt's nicht, weil die Teegläser alle nach Rakı schmecken. Also besser gleich einen Rakı bestellen.

Und dann geht die Diskussion um den Fisch los. Der Fremde erinnert sich vielleicht noch an den Namen des Fisches vom Markt, sonst hilft ihm ein Gang in die Küche. Einzig den Lüfer, wie der Blaubarsch auf Türkisch heißt, wird er vermutlich nicht finden. Der schmeckt zwar vorzüglich, ist auf dem Markt aber so sündhaft teuer, dass der Wirt ihn von der Karte gestrichen hat. Das Fischangebot bei Akın Balık ist auch ohne ihn groß genug.

Weniger um die Speisekarte kümmern sich die Katzen, die zwischen den Tischen herumstreunen. Sie sind dankbar für jeden Fischkopf, den der Gast heimlich fallen lässt. Und mit jedem fallenden Fischkopf verdoppeln sich die bettelnden Katzen.

Adresse Fermeneciler Cad./Ali Yazıcı Sok. Gümrük Han 10, Karaköy | **ÖPNV** Tram T 1, Haltestelle Karaköy | **Tipp** Rüstem Paşa Hanı: Im Han mit den alten, doppelstöckigen Arkaden sind heute die Metallhändler zugange. Der Bau stammt vom berühmten Architekten Sinan (Fermeneciler Cad. 26).

4_ Der Alexandersarkophag
Schlachtengetümmel in Stein

»This is not the Topkapı Palace« steht an der Kasse. Offenbar glaubte schon mancher verwirrte Tourist, vor dem Sultanspalast zu stehen, und kehrte wieder um – statt hineinzugehen. Das Archäologische Museum, dem er schnöde den Rücken gezeigt hat, beherbergt einen großartigen Sarkophag. Oder umgekehrt: Um einen großartigen Sarkophag wurde ein Museum gebaut. Was Ausgräber 1887 in der heute libanesischen Stadt Sidon fanden, war damals so spektakulär, dass Sultan Abdülhamid II. den Bau eines archäologischen Museums anordnete. Der Alexandersarkophag ist rechter Hand im neoklassizistischen Trakt mit den beiden Säulenvorbauten ausgestellt.

Es ist schon viel Interpretentinte über den Sarkophag vergossen worden. Man versuchte die einzelnen Kämpfer der dramatischen Darstellungen zu identifizieren, rätselte, wer einst hier so fürstlich zur Ruhe gelegt wurde und welche begnadete Werkstatt zu so einem Kunstwerk überhaupt fähig war. Fest steht, dass nicht Alexander der Große im Sarg lag, aber dass er – mit Löwenhelm – auf dem Relief dargestellt ist, so kam der Sarkophag zu seinem Namen. Fest steht weiter, dass Grabräuber den Ausgräbern zuvorkamen, und fest steht auch, dass auf einer der Längsseiten die Schlacht von Issos 333 v. Chr. thematisiert wird.

Die Schlachtszene findet ohne Waffen statt. Die waren vermutlich aus Edelmetall gefertigt und wurden von den Grabräubern mitgenommen. Dem Betrachter fällt der Mangel kaum auf, die dramatische Sprache ist eindeutig genug. Nicht minder dramatisch ist die Löwenjagd auf der anderen Längsseite, bei der Alexander dem bedrohten Abdalonymos, König von Sidon, zu Hilfe eilt. Die Reliefs, auch die der Kurzseiten, werden ausführlich kommentiert, auch auf Englisch. Dass sie einst bunt bemalt waren, ist nur noch an Spuren zu erkennen. Eine zweidimensionale Rekonstruktion des farbigen Alexandersarkophags hilft der Phantasie auf die Sprünge.

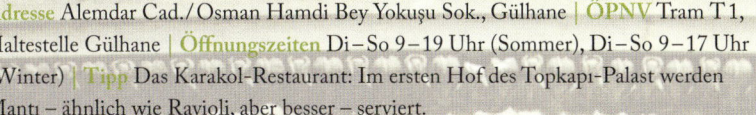
Adresse Alemdar Cad./Osman Hamdi Bey Yokuşu Sok., Gülhane | **ÖPNV** Tram T1, Haltestelle Gülhane | **Öffnungszeiten** Di–So 9–19 Uhr (Sommer), Di–So 9–17 Uhr (Winter) | **Tipp** Das Karakol-Restaurant: Im ersten Hof des Topkapı-Palast werden Mantı – ähnlich wie Ravioli, aber besser – serviert.

5 — Die Alte Galata-Brücke
Schwimmende Brücke außer Dienst

Wer Istanbul schon einmal vor 1992 besucht hat, kann sich vielleicht noch an ein vages, kaum fühlbares Auf und Ab erinnern, das man auf der alten Galata-Brücke verspürte. Das vertraute Gefühl unter den Füßen wird ihm fehlen. Die neue Brücke sieht zwar in vielem ähnlich aus wie ihre Vorgängerin, ist aber keine schwimmende Brücke mehr, sondern fest im Boden verankert.

Die alte Galata-Brücke, ein Werk der deutschen Firma MAN aus dem Jahr 1912, finden wir weiter oben am Goldenen Horn, zwischen Balat auf der einen und Hasköy auf der anderen Seite. Tatsächlich war 1992 vorgesehen, sie hier nochmals zum Einsatz zu bringen. Doch davon sah man schnell wieder ab. Die schwimmende Brücke hätte den Wasseraustausch behindert, und eben noch hatte man unter großem Aufwand das gesamte Goldene Horn einer radikalen Reinigung unterzogen, sodass aus einer braunen Brühe wieder blaues Wasser wurde. Da wollte man keinen Rückfall riskieren.

Wer auf der Balater Seite steht, kann seine Erinnerung weiter pflegen. Die Fahrbahnen sind noch da, samt Mittelspur für die Busse, eine Tram über die Brücke gab es damals noch nicht. Von den beiden ausfahrbaren Mittelteilen ist eines neben der Brücke verankert. Der Wasseraustausch und die Schifffahrt sind dadurch nicht behindert. Das Verbotsschild für Fußgänger, die Brücke zu betreten, ist überflüssig, ebenso das Verbotsschild für Autofahrer. Ein Eisenzaun verhindert jeden Zugang. Wohl damit sie nicht ganz verrottet, hat die tote Brücke kürzlich einen neuen Anstrich bekommen. Damit ist ihr leider kein neues Leben eingehaucht. Wie wäre es mit der Wiederinstandsetzung der einst bei Einheimischen wie Touristen beliebten Restaurants? Oben dürften dann auch wieder die Angler stehen. Oder man ehrt die historische Brücke als Denkmal der Industriekultur und schenkt sie dem Koç-Verkehrsmuseum am anderen Ufer – thematisch würde sie dort gut hinpassen.

Adresse Ayvansaray Cad., Balat / Hasköy Cad., Hasköy | **ÖPNV** Schiff, Anlegestelle Ayvansaray / Hasköy | **Tipp** Çanak Mangal Kuru Fasülye: Das Lokal beim Balater Brückenkopf ist stadtbekannt für seinen Bohneneintopf (Ayvansaray Cad. 25).

6 Anadolu Kavağı

Am Wachposten des Bosporus

Lange Zeit war Anadolu Kavağı nur auf dem Wasserweg erreichbar, eine Straße durchs Landesinnere endete für Zivilfahrzeuge am Wachposten des militärischen Sperrbezirks. Heute führt eine schmale Küstenstraße zur »Anatolischen Pappel«, wie der Ort am asiatischen Bosporusufer übersetzt heißt, beschaulicher aber ist eindeutig die Anfahrt mit dem Schiff. Die Lage ist strategisch wichtig. Von der Burg Yoros, die heute als Ruine über dem Dorf thront, überwachten einst Byzantiner den Zugang vom Schwarzen Meer in den Bosporus. Heute nimmt die »Istanbul Bosporus-Kommandantur« diese Aufgabe wahr, die Militärs haben sich beidseitig des Ortes niedergelassen.

Wer mit dem Schiff von Sarıyer über den Bosporus nach Anadolu Kavağı fährt, sieht wenig von den militärischen Anlagen, der Ort präsentiert sich als farbiges Fischerdörfchen. An sommerlichen Wochenenden strömen die Städter herbei, und die Fischrestaurants füllen sich. Abends herrscht wieder Ruhe, Hotels gibt's keine in Anadolu Kavağı. Noch bevor man sich auf einer Terrasse zu Fisch und Rakı setzt, sei ein Spaziergang durchs Dorf empfohlen. Erst am kurzen Kai mit seinen farbigen Häusern entlang, dann die Dorfstraße hoch. Hübsch renovierte, kleine Sommerresidenzen der Städter und bislang dem Verfall überlassene Holzhäuser bestimmen das Ortsbild – und viele herrenlose Hunde mit einem farbigen Chip am Ohr, der nachweist, dass sie geimpft sind. Der Spaziergang endet bei der Burg Yoros und wird mit einem wunderbaren Ausblick über den Bosporus belohnt. Etwas weiter oben waren 2013 die ersten Pfeiler der dritten Bosporusbrücke zu sehen, deren Inbetriebnahme für 2015 geplant ist. Sie wird Teil einer weiträumigen Umfahrung Istanbuls sein. Der Schwerverkehr soll dann nur noch hier von Europa nach Asien und umgekehrt rollen dürfen. Ob damit die beiden anderen Bosporusbrücken wesentlich entlastet werden, darf bezweifelt werden.

Adresse Anadolu Kavağı | **ÖPNV** Schiff, Anlegestelle Anadolu Kavağı | **Tipp** Yoros-Burg: der ideale Verdauungsspaziergang nach dem Fischessen.

7 Die Andreaskirche

Russisch-orthodoxer Weihrauch in der Dachetage

Wer aufmerksam durch Karaköy spaziert, entdeckt zwischen den Dächern eine grüne Kuppel mit einem Kreuz darauf, das unten einen schrägen Querbalken zeigt, das Kennzeichen der russisch-orthodoxen Christen. Wer nun die dazugehörige Kirche sucht, findet sie nicht auf Anhieb. Nähert man sich der Kuppel, so verschwindet diese bald zwischen den meist fünfstöckigen Häusern, und ist man da, wo man oben die Kuppel vermutet, steht man nicht vor einer Kirche, sondern vor einem alten Wohnblock. Ein zweiter Versuch von einer anderen Seite – erst wieder eine Stelle finden, von der aus man die Kuppel sieht, dann sich der Kirche nähern – führt zum selben Resultat, zum selben alten Wohnblock. Und schließlich schließt man messerscharf, dass die Kirche im Wohnblock sein muss. Dort finden wir sie schließlich auch, und zwar ganz oben im fünften Obergeschoss – es fährt sogar ein Lift hinauf.

Im Flur zeigt ein großformatiges Gemälde das Kloster Athos, dann tritt man durch eine Wohnungstür und steht in einer voll ausgestatteten russisch-orthodoxen Kirche: mit Heiligenfiguren bemalte Wände, Ikonen zuhauf und eine richtige Ikonostase, in ihren Halterungen zwei Prozessionsstandarten und über dem Kopf des Besuchers die Kuppel mit der Darstellung des segnenden Pantokrators, typisch für byzantinische Kirchen, ob griechisch-orthodox oder russisch-orthodox.

Insgesamt vier russisch-orthodoxe Kirchen zählt Karaköy, stets im obersten Geschoss eines Wohnblocks untergebracht. Zwei der Kirchen werden noch heute benutzt, neben der Andreaskirche die Panteleimonskirche, beide mit grüner Kuppel und Kreuz. Wie aber kommt die Kirche aufs Dach? Die Erklärung ist denkbar einfach: Russische Pilger auf dem Weg nach Athos oder Jerusalem kamen übers Schwarze Meer und gingen in Karaköy an Land. Dort wurden Pilgerhäuser gebaut, in denen man später Platz fand, um Kirchen für die Durchreisenden einzurichten.

Adresse Mumhane Cad. 39, Karaköy | **ÖPNV** Tram T 1, Haltestelle Karaköy oder Tophane |
Tipp Ops Cafe: Trendiges Café mit einem ungewöhnlichen Interieur, in dem es sich hervorragend frühstücken lässt (Mumhane Cad. 45B).

8 Arap Cami

Geschichtsklitterung um eine Moschee

Stets ist der Fremde dankbar, wenn er vor einem historischen Monument eine Tafel findet, die ihm dessen Geschichte erklärt. Vor der geziegelten Arabischen Moschee in Karaköy bekommt er die Informationen sogar in englischer Sprache. Leider stimmen sie nicht. Da kann man lesen, dass die arabische Armee, geführt vom Feldherrn Maslama ibn Abd al-Malik, im Jahr 715 Galata unter ihre Kontrolle gebracht und die Arabische Moschee gebaut hätte. Diese sei später christianisiert und noch später wieder re-islamisiert worden.

Die Historiker sind sich heute einig, dass die Belagerung Konstantinopels unter Maslama in die Jahre 717 bis 718 fällt. Hinter der kleinen Unkorrektheit versteckt sich allerdings eine größere: Die Araber waren gar nicht bis Galata vorgedrungen. Ihre Flotte scheiterte an der Seemauer, und eine schwere Eisenkette verwehrte ihnen die Einfahrt ins Goldene Horn, ihr Landheer kapitulierte vor der Theodosianischen Landmauer. Maslama zog unverrichteter Dinge ab, ohne eine Moschee gebaut zu haben.

Das Minarett ist einem christlichen Kirchturm verdächtig ähnlich, die Spitzbogenfenster kennt man aus der europäischen Gotik. Tatsächlich wurde hier eine dreischiffige gotische Basilika in eine Moschee umgewandelt, Anno Domini 1475, also nach der Eroberung Konstantinopels.

Die damalige Dominikanerkirche konvertierte unter Sultan Selim I. zur Galata Cami, später Arap Cami genannt. Im Inneren scheint sie auf den ersten Blick wie andere Moscheen auch: links oben die Sultansloge, eine u-förmige Galerie für die Frauen, auf den grünen Medaillons prangen in goldenen Lettern die Namen Allahs, Mohammeds, der vier Kalifen sowie zweier Enkel des Propheten. Dann aber fällt dem geschulten Auge auf: Der Mihrab, die Nische, die dem frommen Muslim die Gebetsrichtung anzeigt, ist nicht nach Mekka ausgerichtet, sondern orientiert sich am alten christlichen Altar.

Adresse Galata Mahkemesi Sok., Karaköy | **ÖPNV** Tram T 1, Haltestelle Karaköy | **Tipp** Perşembe Pazarı: ein großer Baumarkt im Freien.

9___Das Armenische Patriarchat

Eine ruhige Oase mit heiligen Donnersöhnen

Rund 70.000 Armenier zählt man in der Türkei. Rund 60.000 von ihnen gehören der Armenischen Apostolischen Kirche an und unterstehen Patriarch Mesrop II. Mutafyan, der seinerseits dem Katholikos von Etschmiadsin (Armenien) unterstellt ist. Seinen Sitz hat »Seine Seligkeit Mesrop II., Patriarch von Istanbul und der ganzen Türkei«, wie er offiziell angesprochen wird, im Stadtteil Kumkapı, der sonst vor allem für seine guten Fischlokale bekannt ist.

Die Residenz liegt in einer ruhigen Gasse und ist Teil eines ganzen Stiftungskomplexes. Zur einen Seite der stattliche Wohnsitz des Patriarchen, zur anderen Seite die Patriarchatskirche Surp Asdvadzadzin (Heilige Jungfrau Maria), die mehrere Katastrophen überstanden hat und deren heutiges Aussehen auf das 19. Jahrhundert zurückgeht. Ihr südlich angebaut ist die Kirche Surp Vortvots Vorodman (Heilige Donnersöhne). Der Name bezieht sich auf die Apostel Johannes und Jacobus, die wegen ihres feurigen Temperaments so genannt werden. Die nicht mehr zugängliche Krypta birgt eine heilige Quelle, über der die Byzantiner einst eine Kirche bauten, die sie später an die Armenier abtraten. Auch sie wurde mehrmals zerstört und wiederaufgebaut.

Nach dem Ersten Weltkrieg diente sie als Depot, dann als Seilerei und verfiel schließlich zur Ruine. Zur Feier Istanbuls als Kulturhauptstadt Europas 2010 wurde die Donnersöhne-Kirche umfassend renoviert, neu eingeweiht und in »Kulturzentrum Mesrop Mutafyan« umbenannt. Seither dient sie je nachdem als Kirche, Konzert- oder Ausstellungsraum. Nördlich der Patriarchatskirche ist eine dritte Kirche angebaut, die heute von der armenischen Schule für profane Zwecke genutzt wird. Rund 160 Kinder drücken im Trakt daneben die Schulbank.

Der Stiftungskomplex des Patriarchats ist ein Resultat von Zerstörung und Wiederaufbau. Kein architektonisches Juwel, aber eine freundliche, ruhige Oase in der lauten Stadt.

Adresse Sevgi Sok. 3, Kumkapı | **ÖPNV** Vorortsbahn Sirkeci–Halkalı, Haltestelle Kumkapı | **Tipp** Restaurant Meydan: Kumkapı ist bei Touristen bekannt für seine Fischlokale. Keine Touristenfalle ist das Meydan am runden Platz mit dem Springbrunnen (Üstat Sok. 17).

10 __ Das Atatürk-Museum

Der Frack im Glaskasten

Atatürk-Museen sind verbreitet in der Türkei. Meistens sind sie nicht umwerfend und dienen eher der republikanischen Pflichtübung für Schulkinder. In Istanbul ist das ein bisschen anders. Im dreistöckigen Haus in Şişli pflegte Atatürk, der damals noch Mustafa Kemal hieß, ein Minimum an Privatleben. In der obersten Etage wohnten immerhin Mutter und Schwester, im Erdgeschoss die Bediensteten, er selbst behielt sich die mittlere Etage vor. Die meiste Zeit aber dürfte er wegen seiner militärischen Pflichten als osmanischer Offizier und seines politischen Engagements für eine neue Türkei außer Haus gewesen sein. Zum letzten Mal wurde er hier am 16. Mai 1919 gesichtet, drei Tage später begann er in Samsun den nationalen Aufstand zu organisieren.

Das rosafarbene Haus im osmanischen Stil steht eingeklemmt zwischen Betonbauten und wäre wohl längst abgerissen, wenn nicht Atatürk hier gelebt hätte. Der Bau wurde mehrmals restauriert, brannte ab und wurde wieder restauriert. Solange die kemalistische Ideologie in der Türkei eine staatstragende Rolle spielt, wird hier die türkische Fahne wehen, das Gedenken an Atatürk ist Verpflichtung.

Die vergilbten Wände und die gewienerten Fußböden suggerieren Authentizität. Seidenhemd, Gilet, Frack und Smoking gehören zu den Exponaten, ebenso Fotos von Atatürk, wie zum Beispiel auf einem Maskenball als Janitschar auftretend oder mit Fez, den er später per »Hutgesetz« verbot. Der Musikschrank ist ein Geschenk des amerikanischen Präsidenten Roosevelt, ein Foto zeigt den Staatsgründer mit seinen Adoptivtöchtern. Selbst das Gebiss des Vaters aller Türken hat seinen Platz in einer Vitrine.

Eine kluge Ausstellungstechnik könnte aus dem Bestand etwas machen, ihn so inszenieren, dass ein lebendiges Panorama der Zeit entstünde. Bis dahin bleibt es bei einer Reliquiensammlung, die uns auffordert, die dazugehörigen Geschichten selbst zu rekonstruieren.

Adresse Halaskargazi Cad. 140, Şişli | **ÖPNV** Metro M2, Haltestelle Şişli Mecidiyeköy | **Öffnungszeiten** Di–So 9–16 Uhr | **Tipp** Cevahir Shopping Mall: Ein Glaspalast des Konsums, nur fünf Minuten entfernt (Büyükdere Cad. 22).

11 Die Atatürk-Statue

Schon zu Lebzeiten überlebensgroß

Drei Meter misst der Marmorsockel, drei Meter misst der Mann auf ihm. Exakt an der Spitze der historischen Halbinsel steht unterhalb des Topkapı-Palastes der Vater aller Türken und überwacht den Bosporus, neben ihm flattert eine besonders große Nationalflagge im Wind.

Atatürk-Statuen gibt's in der Türkei wie Sand am Meer. Seine Büste – meist mit strengem Blick – ziert Tausende von türkischen Amtsstuben. Der bronzene Mann an der Landspitze gehört zu den frühen Exemplaren. Enthüllt wurde das Denkmal 1926, Atatürk zeigt sich in Zivil, der Befreiungskrieg ist gewonnen, jetzt wird die Reformierung der türkischen Gesellschaft in Angriff genommen. Ein Jahr zuvor hatte er das sogenannte Hutgesetz erlassen. »Eine zivilisierte und internationale Kleidung ist für uns wesentlich«, entschied er in seiner berühmt gewordenen »Hutrede«. Auch in Zivil wirkt Atatürk entschlossen: Die linke Hand in die Hüfte gestemmt, die rechte zur Faust geballt am Anzug, die Beine leicht gespreizt – die Haltung signalisiert Standfestigkeit. Entworfen hat das Denkmal Heinrich Krippel, in Bronze gegossen wurde es von den Vereinigten Metallwerken Wien. Der Österreicher gewann den im Jahr zuvor ausgeschriebenen Wettbewerb, einen weiteren Wettbewerb in Ankara, wo er ein Reiterstandbild Atatürks in Uniform vorschlug, und arbeitete fortan bis zum Todesjahr des Staatsgründers für die türkische Regierung. Was Atatürk über Krippels Werk dachte, ist nicht überliefert. Aber wir dürfen annehmen, dass er es, als er 1927 nach langjähriger Abwesenheit zum ersten Mal wieder Istanbul besuchte, zu Gesicht bekam.

Seit Jahren befindet sich zwischen Denkmal und Meer eine Baustelle, Wände aus Blech verwehren den freien Blick aufs Wasser. Nur einer schaut von seiner Höhe aus hinweg über die Absperrungen auf den Bosporus, nach Asien, nach Europa. Einem Atatürk kann man den Weitblick nicht verwehren.

Adresse Kennedy Cad., Sarayburnu | **ÖPNV** Tram T 1, Haltestelle Sirkeci; Vorortsbahn Sirkeci–Halkalı, Haltestelle Sirkeci; Schiff, Anlegestelle Eminönü | **Tipp** Auch wenn die Umgebung schäbig ist: unten am Ufer Tee trinken.

12 Atlı Köşk

Schönschreibkunst am Bosporus

Die Industriellenfamilie Sabancı ist in der Türkei so bekannt wie ThyssenKrupp oder Siemens in Deutschland. Begründer des Imperiums ist Hacı Ömer Sabancı, der in den 1920er Jahren seine ersten Millionen an den Baumwollfeldern bei Adana verdiente. Sein Sohn Sakıp Sabancı baute das Unternehmen zur Holding aus und verlegte 1974 den Sitz von Adana nach Istanbul, wo seit 1998 im Finanzviertel Levent die Sabancı Twin Towers in den Himmel ragen.

Bereits 1951 hatte Hacı Ömer auf der Suche nach einem standesgemäßen Sommersitz den Nachfahren eines ägyptischen Prinzen eine Villa am Bosporus abgekauft. Am Eingang zum Anwesen stellte er ein aus Bronze gegossenes Pferd auf, das er im asiatischen Stadtteil Moda erworben hatte, und fortan sprach der Volksmund vom Atlı Köşk, der »Villa mit dem Pferd«. Sakıp Sabancı, der mit seiner Familie nach dem Tod seines Vaters die Villa bis 1999 bewohnte, kümmerte sich nicht nur um die Holding, sondern als Mäzen und Sammler auch um die Kunst. Sein besonderes Interesse galt der osmanischen Kalligrafie, seine Sammlung gehört weltweit zu den bedeutendsten. 1999 machten die Sabancı das Atlı Köşk mitsamt seinen Kunstwerken der Öffentlichkeit als »Sakıp-Sabancı-Museum« zugänglich.

Das Herz des Museums ist die Kalligrafiensammlung. Neben den prächtigen Koranen aus dem 16. bis 18. Jahrhundert sind auch weltliche Exponate zu sehen: Klärung von Eigentumsverhältnissen, die Erlaubnis zur Eröffnung einer Bäckerei, Steuerbescheide und mehr – stets vom Hofschreiber mit der »Tuğra« versehen, der Unterschrift des Sultans. Eine Tafel erläutert die einzelnen Elemente, aus denen sich die ebenso komplizierte wie schöne »Tuğra« zusammensetzt.

Auch wer der osmanischen Hofkunst nichts abgewinnen kann, ist nicht vergebens ins Atlı Köşk gekommen. Im neuen Anbau werden hochkarätige Ausstellungen gezeigt: Monet, Picasso, Dalí und Beuys hatten schon die Ehre.

Adresse Sakıp Sabancı Cad. 42, Emirgân | **ÖPNV** einfacher mit dem Taxi | **Öffnungs-zeiten** Di und Do–So 10–18 Uhr, Mi 10–20 Uhr | **Tipp** Café Çınaraltı: Gleich nebenan. Der Name bedeutet »unter der Platane«. Der Baum ist riesig und gibt viel Schatten.

13___Bağdat Caddesi
Die Champs-Élysées auf der asiatischen Seite

Heute wird alles und jeder einem Ranking mit mehr oder weniger plausiblen Kriterien unterworfen, auch Einkaufsmeilen. Die französische Beratungsfirma Presence Mystery Shopping setzte die Bağdat Caddesi auf den 4. Platz der weltweit beliebtesten Einkaufsstraßen. Das amerikanische Immobilien-Beratungsunternehmen Cushman & Wakefield errechnet jährlich die teuersten Pflaster der Welt: 2013 belegte die Bağdat Caddesi den 25. Platz, der Quadratmeter kostet hier 2040 Euro im Jahr.

Die breite Straße, die sich parallel zum Marmarameer von Kadıköy bis Kartal zieht, war zu byzantinischen Zeiten die Haupthandelsroute nach Anatolien, später marschierten osmanische Soldaten auf ihr, um den Osten für das Reich zu erschließen. Seit Sultan Murad IV. 1638 Bagdad eroberte, heißt sie Bagdad-Straße.

Wer heute von der Bağdat Caddesi spricht, meint in der Regel nur den ersten, rund fünf Kilometer langen Abschnitt, der von Kadıköy über Kızıltoprak nach Suadiye führt. In der Mitte fahren auf drei Spuren die Autos – seit einiger Zeit nur noch in eine Richtung – und produzieren oft Staus. Links und rechts bleibt viel Platz für breite Gehsteige und Bäume. Der Flaneur freut sich, noch mehr freut sich der Luxus-Konsument. Armani, Louis Vuitton, Hermès, Prada, Façonnable … Marken, die etwas auf sich halten, leisten sich eine Niederlassung an der Prachtallee. Die Kundschaft besteht weniger aus Touristen als vielmehr aus dem einheimischen oberen Mittelstand.

In Kadıköy, Moda und Suadiye findet man eher eine moderne, große Wohnung als im historischen, europäischen Teil der Stadt. Oft wird die Bağdat Caddesi mit den Pariser Champs-Élysées verglichen, die mit 70 Metern zwischen den Häuserfronten zwar etwas breiter sind, aber im Ranking der beliebtesten Einkaufsmeilen von Presence Mystery Shopping – immerhin eine französische Firma – sich mit dem 16. Platz begnügen müssen.

Adresse Kadıköy, Kızıltoprak, Suadiye, Bostancı | ÖPNV Schiff, Anlegestellen Kadıköy, Bostancı; Vorortbahn Kızıltoprak–Gebze, Haltestellen Kızıltoprak, Feneryolu, Suadiye | Tipp Patisserie Divan in Erenköy: süße Verführung in allen Farben (Bağdat Cad. 361).

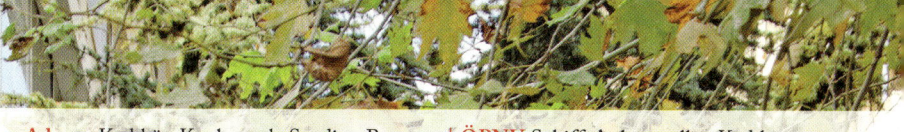

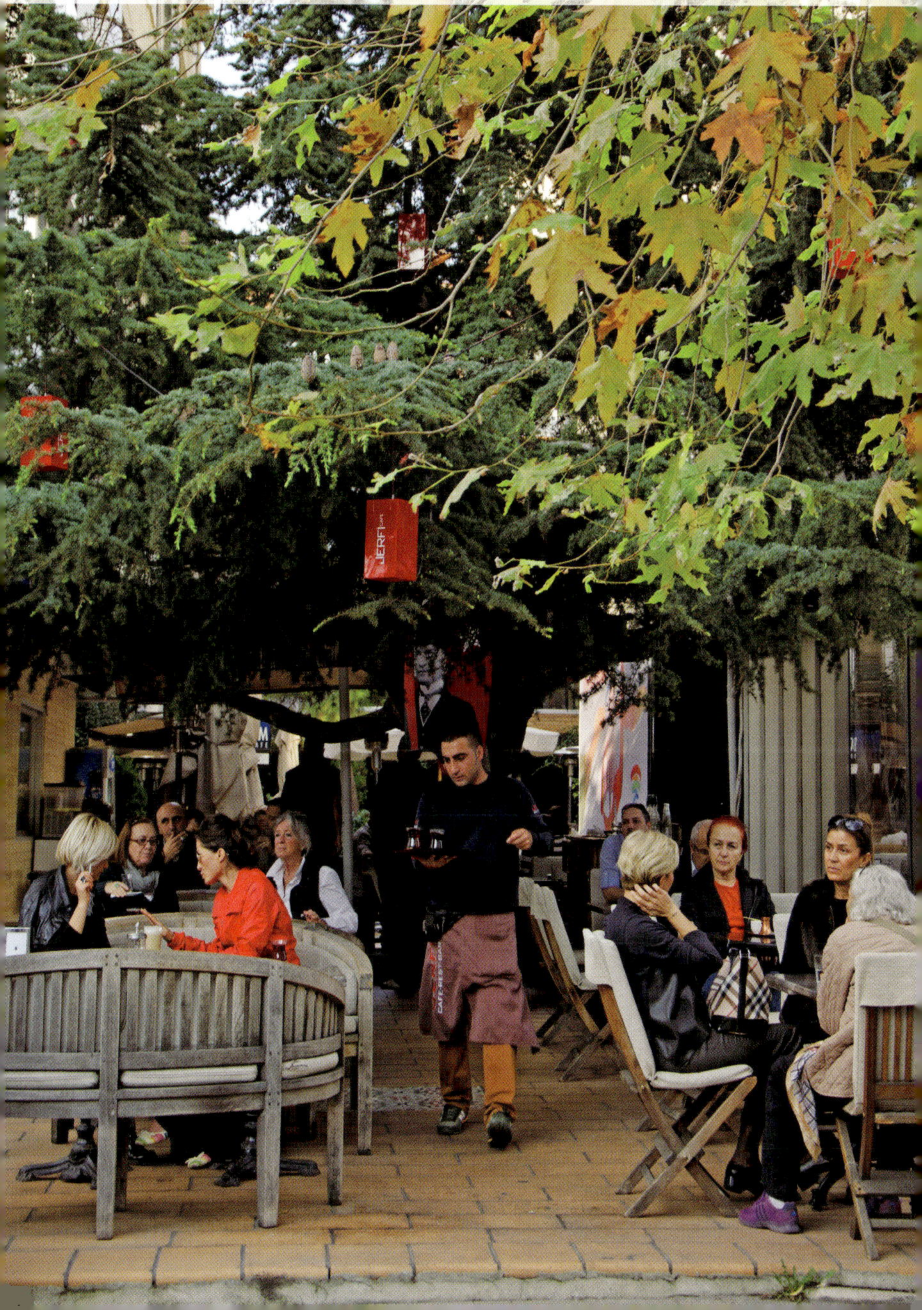

14__Barbaros Hayreddin
Zwei Denkmäler für den Schrecken der Meere

Die Kanonenrohre auf dem großen Platz vor der Schiffsanlegestelle in Beşiktaş wirken wie verlorene Accessoires angesichts des monumentalen Bronzedenkmals. Der Mann mit Turban und strengem Blick, flankiert von zwei Kriegern, ist Barbaros Hayreddin (1478–1546). Im Sockel sind zwei Reliefs eingelassen: Auf der Landseite wird eine Kanonenkugel abgefeuert, auf der Bosporusseite wird der Held vom Sultan empfangen. In der türkischen Geschichtsschreibung ist Barbaros Hayreddin tatsächlich ein Held, in der westeuropäischen taucht er meist als gefürchteter Seeräuber auf, der im Mittelmeer sein Unwesen trieb. Recht haben beide.

Mit seinem älteren Bruder zusammen dirigierte Barbaros Hayreddin eine ansehnliche Korsarenflotte, die zum Schrecken der süditalienischen Küstenstädte, Sardiniens und Korsikas wurde. Als die Algerier in ihrem Kampf gegen die Spanier die Korsaren zu Hilfe riefen, nahmen die Brüder dies zum Anlass, nicht nur die Spanier zu vertreiben, sondern sich gleich die ganze nordafrikanische Küste samt Hinterland unter den Nagel zu reißen. Schließlich bot Barbaros Hayreddin seine Dienste dem Sultan an und lieferte fortan Gold und Sklaven am Hof ab. Der Sultan seinerseits ernannte den Haudegen zum Oberbefehlshaber der osmanischen Flotte im Mittelmeer. Der frischgebackene Kommandant ließ erst einmal die alten Schiffe ausbessern – einen ganzen Winter lang soll er persönlich die Arbeiten auf der Werft überwacht haben –, und bald stand die renovierte osmanische Kriegsflotte im Ruf der Unbezwingbarkeit. Der Ruf hielt bis zur Seeschlacht von Lepanto 1571, da war Barbaros Hayreddin schon 25 Jahre lang tot.

Von der Höhe seines Sockels kann der einstige »Schrecken der Meere« auf sein Grabmal blicken. Die oktogonale Türbe am Platz gab er persönlich beim großen Baumeister Sinan in Auftrag. Sie zählt zu dessen Frühwerken und war noch zu Lebzeiten von Barbaros Hayreddin fertiggestellt.

Adresse Dolmabahçe Cad., Beşiktaş | **ÖPNV** Tram T 1, Haltestelle Kabataş, oder Untergrund-Drahtseilbahn Taksim–Kabataş, untere Haltestelle, und jeweils 20 Minuten zu Fuß; Schiff, Anlegestelle Beşiktaş | **Tipp** Schiffsanlegestelle: Ein Bau aus dem frühen 20. Jahrhundert, in der oberen Etage wurden früher Feste gefeiert.

15__ Bebek Kahvesi

Teetrinken am Bosporus

Die Bosporus-Universität in Rumelihisarı ist nah, und irgendwann
einmal entdeckten Studenten die Teestube, die zuvor in erster Linie
ein Treffpunkt der alten Männer von Bebek war. Heute ist das kleine Lokal neben der Moschee immer noch nicht mit einem Namens-
schild versehen, aber jeder in Bebek kennt es, und so heißt es einfach
Bebek-Café, Bebek Kahvesi. Im Sommer sitzt man im Schatten, direkt am Bosporus. Kleine Jachten schaukeln vor den Tischen, größere
Exemplare ankern etwas weiter südlich. Bebek gehört schließlich zu
den teuersten Wohnlagen Istanbuls mit Villen mit Bosporusblick
und einer Hauptstraße mit schicken Boutiquen. Die Atmosphäre im
Bebek Kahvesi ist dagegen angenehm unprätentiös: Teetrinken, Tav-
la spielen, über Gott und die Welt diskutieren oder dem regen Schiffsverkehr auf dem Bosporus zuschauen. Viele schätzen den Ort für
sein gutes Frühstück, das man auch spät zu sich nehmen kann, ohne
dass es deshalb gleich Brunch hieße. Das Bebek Kahvesi ist einfach
geblieben, es wirbt nicht um Kundschaft. Entweder man mag es oder
man mag es nicht.

Noch mehr zeigt sich diese trotzige Haltung gegenüber dem
flatterhaften Zeitgeist im Innenraum. Die Teestube ist geblieben,
wie sie vor 50 Jahren war, ohne dass man eine antike Teestube daraus gemacht hätte. Der Gast sitzt wie in einem alten Fischercafé –
mit dem Unterschied, dass er hier weder ein Bier noch ein Glas Rakı
bekommt. Über der Bar hängen keine Schnapsflaschen. So nahe neben einer Moschee wird nicht gesündigt. Das Stübchen auf der Etage wird nur im Winter genutzt. Wer die alte Holztreppe hochgeht,
fühlt sich beim Aufstieg in das Innere eines Schiffs versetzt. Die gepflegte Toilette unterstützt die Illusion ihrerseits: als Fenster ein Bull-
auge.

Einzige Konzession an den Wandel der Zeit. Das Bebek Kahvesi
hat die Preise, seit es so gut läuft, etwas angehoben. Schließlich sitzt
man hier im reichen Bebek.

Adresse Cevdet Paşa Cad. 120, Bebek | **ÖPNV** Schiff, Anlegestelle Bebek | **Tipp** Ein Spaziergang im Bebek-Park am Bosporus entlang.

16_ Der Belgrader Wald

Wo Istanbuls Wasser herkommt

Im Jahr 1521 eroberte Sultan Süleyman I. die Stadt Belgrad. Bei dieser Gelegenheit nahm er die besten Ingenieure und Handwerker als Gefangene mit nach Istanbul, um sie im Waldgebiet nördlich der Stadt anzusiedeln. Das neue Dörfchen wurde Belgrad getauft. Aufgabe der Belgrader war es, die Wasserleitungen und -reservoire im 55 Quadratkilometer großen Belgrader Wald in Schuss zu halten. Die ersten Aquädukte hier stammen noch aus byzantinischer Zeit, im 16. Jahrhundert unternahm der berühmte Baumeister Sinan eine Totalsanierung des Versorgungssystems, und noch heute versorgen die Stauseen im Belgrader Wald große Teile der Stadt mit Wasser.

Im Jahr 1893 brach in Istanbul eine Cholera-Epidemie aus. Als Schuldige wurden die Belgrader und die Köhlersiedlungen der Umgebung ausgemacht, die allen möglichen Müll ins Wasser kippten. Ein Jahr später räumte man im Belgrader Wald radikal auf, die Bewohner wurden ins nahe Dorf Bahçeköy umgesiedelt, Belgrad wurde dem waldigen Erdboden gleichgemacht.

Wer vom Stadtteil Kağıthane auf der D 010 nach Kemerburgaz fährt, dort den Ort im Norden verlässt, sieht den über 700 Meter langen, von Sinan gebauten Aquädukt, der sich mit seinen doppelten Bögen über die Ebene zieht. Noch bevor das imposante Bauwerk die Straße überquert, führt rechts die Davutpaşa Caddesi in den Wald hinein, wo Wegweiser zu den osmanischen Wasserleitungen und -reservoiren führen. Weiter östlich erreicht man über eine Nebenstraße den Falih-Rıfkı-Atay-Park (auf die Ausschilderung achten!) mit einem einladenden kleinen Waldrestaurant. Hier in der Nähe befinden sich die kärglichen Überreste des Dörfchens Belgrad. Die Leute vom Restaurant weisen die Richtung, und man stapft einfach los. Wege finden und verlieren sich, man muss schon etwas suchen, bis man hier und dort Mauerreste entdeckt und irgendwo auf die stehen gebliebene halbe Apsis der Kirche stößt.

Adresse Belgrad Ormanı, Bahçeköy-Sarıyer | **ÖPNV** Taxi (Rückfahrt vereinbaren), Mietauto (und sich Zeit nehmen) | **Tipp** Falih-Rıfkı-Atay-Park: der ideale Ort für ein ausgiebiges Picknick.

17 _Die Briesbraterei Vakkas

Innereien überleben den Schlachthof

In den 1980er Jahren war das Goldene Horn eine braune Brühe, an dessen Ufer sich allerhand übelriechende Kleinindustrie angesiedelt hatte. Der alte Schlachthof in Sütlüce verströmte auch keinen angenehmen Duft, also wurde er beim großen Reinemachen gleich mit abgerissen. Tempi passati. Heute tuckern die Ausflugsboote wieder auf blauem Wasser an grünen Wiesen vorbei nach Eyüp.

Innereien sind ein wichtiger Bestandteil der türkischen Küche: Hirn, Herz und Hoden, Leber, Milz und Bries werden zu Delikatessen verarbeitet. Frisch muss die Ware sein, und deshalb siedelten sich einige besonders clevere Wirte gleich neben dem Schlachthof an.

Einer von ihnen war der Kurde Vakkas aus dem ostanatolischen Tunceli. Er eröffnete 1962 an der Damar Sokağı (Adergasse, der Name passt zur Örtlichkeit) ein Innereienlokal und sah in der Schließung des Schlachthofs keinen Grund, ebenfalls dichtzumachen. Heute übersehen die Durchfahrenden in der Regel das kleine Restaurant. Also macht Vakkas auf seine eigene Art Werbung: Er hat am Straßenrand einen Grill aufgestellt und brutzelt dort öffentlich Briesstücke. Neben ihm weist ein Schild »Vakkas'ın Et ve Uykuluk Yeri« (Vakas' Fleisch- und Brieslokal) zu unserem Ziel.

Wer die Briesbraterei betritt, gerät in eine wahre Räuberhöhle: Uhren, alte Radios, viel Krimskrams, Kitsch und künstliches Grün. Unzählige farbige Lichtgirlanden beleuchten den Raum nur spärlich. Wer genau inspizieren will, was er isst, setzt sich besser an einen der Tische auf der Gasse. Natürlich bietet Vakkas auch andere Gerichte an: Köfte, Adana-Spieß und mehr – was man an jeder Straßenecke finden kann. Mancher mag beim Gedanken an Innereien lieber zu solch sicheren Werten greifen. Kenner aber lassen sich Vakkas' Bries, ein Gemisch aus Lamm und Kalb mit Reis serviert, genussvoll auf der Zunge vergehen – ein Glas Rakı passt ausgezeichnet dazu.

Adresse Damar Sok. 2, Sütlüce | **ÖPNV** einfacher mit dem Taxi | **Tipp** Knapp nördlich zieht sich ein ruhiger Park am Goldenen Horn entlang – erst am gelben Baukomplex des Haliç-Kongresszentrums vorbeigehen.

18___Der Bulle von Kadıköy

Ein Stier auf Reisen

Auf die Frage »Wo treffen wir uns?« lautet in Kadıköy die Antwort meist »Beim Bullen«. Der bronzene Bulle ist zum Meetingpoint geworden, sodass man ihn kaum in Ruhe betrachten kann, weil sich dort immer irgendjemand mit irgendjemandem trifft. Wie aber kommt der Bulle, der eine kämpferische Haltung einnimmt, als wäre der Hauptplatz von Kadıköy eine Stierkampfarena, überhaupt hierher?

Sicher ist, dass er ein Werk des französischen Bildhauers Jules Isidore Bonheur ist. Ein Modell des Stiers war am »Salon de Paris« 1865 in einer Pariser Ausstellung zu sehen. Sultan Abdülaziz, ein kunstsinniger Mann, soll zwei Jahre später bei seinem Besuch der Pariser Weltausstellung das Modell gesehen und für seinen Palast einen Abguss in Monumentgröße bestellt haben. Dann verliert sich die Spur … Anderen Quellen zufolge soll der Bulle irgendwo in Elsass-Lothringen gestanden haben – als Symbol der Kampfbereitschaft gegen den deutschen Feind. Als die Deutschen den Franzosen 1870 Elsass-Lothringen abnahmen, hätten sie den Stier nach Berlin verfrachtet. 1917 soll ihn Kaiser Wilhelm II. dem osmanischen Kriegsminister Enver Paşa geschenkt haben.

Sicher ist, dass der Bulle noch genug Kraft hatte, um durch halb Istanbul zu stürmen. Gesichtet wurde er im Garten von Enver Paşa, in Kadıköy, im Garten des Beylerbeyi-Palastes, wieder in Kadıköy (diesmal vor dem Regierungsgebäude) im Park des Hilton-Hotels, wieder in Kadıköy (am Hafen), bevor er 1987 an seinem jetzigen Platz in aggressiver Pose erstarrte.

Oft stehen Verkäufer am Denkmal und bieten blau-gelb gestreifte T-Shirts und Schals an. Es sind die Farben des Fußballclubs Fenerbahçe, der in Kadıköy zu Hause ist. Wenn der Club ein Heimspiel gibt, trifft sich die Unterstützertruppe beim Bullen, um geschlossen im nahen Stadion einzumarschieren. Auf dem Platz bleibt dann meist ein blau-gelb eingekleideter Bulle zurück.

Adresse Altıyol, Kadıköy | **ÖPNV** Schiff, Anlegestelle Kadıköy; Marmaray, Haltestelle Kadıköy; Tram T 3, Haltestelle Altıyol | **Tipp** Bahariye Caddesi: flanieren und shoppen in der Hauptstraße von Kadıköy.

19_ Büyük Londra Oteli

Die arme Schwester des Pera Palas

Hinter der neoklassizistischen Fassade mit den beiden Karyatiden versteckt sich ein traditionsreiches Hotel. Am Eingang prangt stolz in goldenen Lettern »Grand Hotel de Londres«, darunter bescheidener die Jahreszahl 1892. Zwei Jahre zuvor war der erste Orient-Express am Bahnhof Sirkeci eingefahren. Der Luxuszug brachte Luxusgäste, vor allem Engländer, die eine Luxusunterkunft brauchten. Zusammen mit dem berühmten Pera Palas Hotel an derselben Straße zählt das Büyük Londra zu den ersten für Touristen eingerichteten Hotels der Stadt. Während das Pera Palas noch heute eine teure Klientel beherbergt, ist das einst ebenso prunkvolle London-Hotel seine arme Schwester geworden. Nach einem kompletten Niedergang während des Zweiten Weltkrieges erlebte es erst in den 1970er und 1980er Jahren einen Wiederaufschwung: Künstler, vor allem Filmschaffende, logierten hier, die Herberge war bezahlbar. Das gilt auch heute noch. Low-Budget-Touristen finden Unterkunft in den Zimmern zur Seitenstraße; etwas mehr bezahlt man für die mit Balkon und Blick auf das Goldene Horn. Es sind hohe Räume, teilweise so groß, dass man an einen Ballsaal denkt. Einzig der nüchterne, etwas miefige Frühstücksraum im Kellergeschoss überzeugt nicht, doch gibt es genügend Frühstückscafés in der unmittelbaren Umgebung.

Lounge und Nebenräume im Erdgeschoss bilden ein buntes ethnografisches Museum des 20. Jahrhunderts: Standuhren, unter dem Flat-TV ein Karussell-Modell und darunter ein Röhrenfernseher, Musikautomaten, alte Öfen, zwei Motorräder, Telefone aus der Gründerzeit, hinter Glas eine tote Tarantel, zwei leere Vogelkäfige, im dritten ein stummer Papagei, dessen Vorgänger einst die Klientel am Eingang begrüßte. Eine wahre Entdeckungsreise für Nostalgiker – und jetzt vielleicht doch einen Gin Tonic an der Original-Bar aus der Belle Époque, an der sich 1922 schon Hemingway betrank.

Adresse Meşrutiyet Cad. 53, Tepebaşı-Beyoğlu | **ÖPNV** Tünel-Bahn, obere Haltestelle; Metro M 2, Haltestelle Şişhane | **Tipp** Restaurant Fıccın: gleich nebenan, preiswerte und gute Küche (Kallavi Sok).

20___Büyük Postane
Istanbuls imperiale Kommunikationszentrale

In einer Zeit, in der Postämter architektonisch auf ihre Funktionalität reduziert oder einfach in einen Supermarkt integriert werden, erinnert uns das Istanbuler Hauptpostamt an eine glorreichere Vergangenheit.

Im Osmanischen Reich gab es noch ein Ministerium für Post und Telegraphie, das Postamt war eine wichtige staatliche Institution und verlangte als solche nach einem repräsentativen Bau. Das 1909 eröffnete Büyük Postane (Großes Postamt) atmet noch ganz den Geist dieser Zeit. Dazu passt, dass das Gebäude 1927 bis 1936 Sitz von Radio Istanbul war, das von hier aus über den Äther das ganze Land mit Neuigkeiten versorgte. Die Post war im Vor-Internet-Zeitalter die Kommunikationszentrale schlechthin. Man wünscht sich, dass das Postmuseum, das 2000 in einem Flügel des riesigen Büyük Postane eingerichtet wurde, den Staub abschüttelt und der Geschichte der Kommunikation in all ihren Facetten Rechnung trägt. Dann wäre es tatsächlich ein sehenswertes Museum. Derzeit hält es nicht einmal die angegebenen Öffnungszeiten ein, da ohnehin kaum einer seine Existenz bemerkt.

Im Gebäudeinneren geht es zu wie in jedem größeren Postamt. Man zieht eine Nummer und wartet, bis man per Leuchtanzeige an den richtigen Schalter dirigiert wird. Das Besondere liegt in der antiquarischen Einrichtung: verzierte Stehmöbel für Kunden, die einen Einzahlungsschein oder sonstige Formulare ausfüllen müssen. Unter den rund 30 Schaltern gibt es einen, der speziell für philatelistische Begehren zuständig ist, andere sind für Kunden reserviert, die ihre Telefonrechnungen zahlen wollen – alles in Holz. Fast an jedem Schalter kann man auch Lose für »Milli Piyango«, die nationale Lotterie, kaufen. Und hinter all den Schaltern wacht das großformatige Porträt Atatürks, der daran erinnert, dass das Postwesen eine staatliche Angelegenheit ist. Eine Privatisierung steht derzeit noch nicht zur Debatte.

Adresse Büyük Postane Cad. 25, Sirkeci | **ÖPNV** Tram T 1, Haltestelle Sirkeci | **Tipp**
Doğubank İşhanı: von der gestrigen Kommunikationszentrale in die heutige Kommunikations-
welt. Auf sechs Stockwerken werden Handys, Smartphones, Laptops und andere elektronische
Geräte angeboten (Hamidiye Cad.).

21 Der Çamlıca-Hügel
Wer bestimmt die Skyline?

Im August 2013 war großer Pressetermin. Erdoğan Bayraktar, inzwischen zurückgetretener Umwelt- und Stadtplanungsminister, gab den offiziellen Startschuss zum Baubeginn eines wahrhaft megalomanen Projekts. Auf dem Çamlıca-Hügel – mit seinen Sendemasten der höchste Punkt der Stadt – soll die größte Moschee der Türkei gebaut werden – 30.000 Gläubige sollen dereinst in ihr Platz haben. Derzeit ist ein gewaltiges Bauloch zu sehen, in dem die darin kurvenden Lastwagen wie Spielzeuge wirken. Wenn die Mega-Moschee mit ihren sechs Minaretten fertiggestellt ist, wird sie die Skyline Istanbuls neu bestimmen. Die türkische Regierung werde »ihren Abdruck in der Geschichte hinterlassen«, tönte Bayraktar und meinte es wohl ehrlich. Andere hoffen, dass die Regierung die Bühne der Geschichte verlassen wird.

Noch kann man, ohne die Moschee zu sehen, auf den Çamlıca-Hügel hochgehen. Türkische Familien tun dies an schönen Wochenenden gerne. Am höchsten Punkt ist ein Teelokal, um das sich ein Picknickgelände und ein Promenadenweg ziehen. Die Aussicht ist phantastisch. Es wird fotografiert und posiert, den Hintergrund kann man sich auswählen: Bosporusbrücke, Skyline der Wolkenkratzer von Levent oder Serailspitze mit Hagia Sophia und Blauer Moschee. Wer als waschechter Osmane abgelichtet werden will, leiht sich Kaftan, Fez und falschen Bart aus. Die Stimmung ist gut, auch die Maiskolben- und Sesamkringelverkäufer machen zufriedene Gesichter.

Die Sendemasten, die man von unten gesehen hat, sind wie verschwunden. Wenn die Moschee hochgezogen wird, sollen sie tatsächlich verschwinden – Konkurrenz wird nicht geduldet. Aber noch hoffen Optimisten, dass der derzeitige Ministerpräsident Tayyip Erdoğan den Ratschlag seines zurückgetretenen Ministers beherzigt und auch abtritt. Vielleicht würde dann das Bauloch sang- und klanglos wieder zugeschüttet. Die Sendemasten mögen bleiben.

Adresse Çamlıca Tepesi, Üsküdar | **ÖPNV** Metro M 4, Haltestelle Acıbadem, und eine Stunde zu Fuß; Metrobüs, Haltestelle Burhaniye, und 40 Minuten zu Fuß; Schiff, Anlegestelle Beylerbeyi, und eine Stunde zu Fuß; Taxi (Rückfahrt verabreden) | **Tipp** Den Hügel nur bei schönem Wetter aufsuchen, alles Weitere den türkischen Familien abschauen: sich viel Zeit nehmen, spazieren, picknicken und ausgiebig fotografieren.

22 — Der Çarşamba-Markt

Bunter Markt mit schwarzen Tupfern

Çarşamba heißt Mittwoch, und seit byzantinischen Zeiten wird am Mittwoch im Stadtteil Çarşamba Markt abgehalten. Der Çarşamba Pazarı gilt als der älteste Markt der Stadt, es ist durchaus möglich, dass er dem Stadtteil den Namen gab. Ebenso gut möglich ist, dass Immigranten aus der Stadt Çarşamba am Schwarzen Meer sich hier ansiedelten und mit Heimweh im Kopf die Gegend Çarşamba nannten. Uns gefällt die erste Erklärung besser – ganz einfach, weil uns der Markt gefällt.

Zentrum des turbulenten Geschehens ist die Fatih Caddesi, nordwestlich der gleichnamigen Moschee. Gemüse- und Obsthändler preisen hier lautstark ihre Waren an, manchmal sogar in Millionen von Lira – noch nicht alle haben sich daran gewöhnt, dass die Lira seit der letzten Währungsreform 2005 sechs Nullen weniger hat. Fleischhändler legen die besten Stücke aus, Käseverkäufer sortieren nach Reifegrad. Kleiderhändler angeln mit langen Stangen das Objekt der Begierde von der Wand und breiten es vor dem Kunden aus. Türkinnen wühlen in Dessous-Haufen oder treffen sich, jede mit mindestens zwei Plastiktaschen in jeder Hand, zu einem Schwatz, ein Durchkommen ist oft nicht einfach.

Der Çarşamba-Markt ist ein bunter Markt wie aus dem Bilderbuch – doch mischt sich unter die Farben des Angebots von Stoffen, Gemüse und Früchten in jüngster Zeit immer mehr Schwarz. Fatih gilt seit jeher als religiöses Viertel, schwarz gewandete Frauen mit schwarzem Kopftuch sah man hier schon immer. In den letzten Jahren jedoch sind es eindeutig mehr geworden, der arabische Niqab, der nur noch einen Sehschlitz für die Augen frei lässt, ist im Vormarsch begriffen. Männer zeigen sich mit Bart, Gebetskette und gestrickter Kopfbedeckung. An der Fatih-Moschee angekommen, wähnt man sich schon fast in einer arabischen Stadt und kehrt um – zurück in den Lärm, in die Düfte und Farben des Çarşamba-Marktes.

Adresse Fatih Cad., Çarşamba | **ÖPNV** Metro M 1, Haltestelle Emniyet, und 15 Minuten zu Fuß | **Öffnungszeiten** mittwochs | **Tipp** Fatih Karadeniz Pidecisi: in Richtung Aquädukt das beste Käse-Pide weit und breit (Büyükkaraman Cad. 45/47).

23 __ Çarşı Beşiktaş
Starke Jungs

Mitten auf dem Markt von Beşiktaş steht seit 2003 ein schwarzer Adler. Das Monument wurde zum 100-jährigen Bestehen des »Beşiktaş Jimnastik Kulübü« (BJK) eingeweiht. In der wörtlichen Übersetzung wird aus dem BJK ein harmloser »Turnverein Beşiktaş«. Aus ihm hervorgegangen ist der Fußballclub Beşiktaş, dessen Spieler in schwarz-weiß gestreiften Trikots – wie die beiden anderen Istanbuler Clubs, Fenerbahçe und Galatasaray – auf nationaler Ebene in der obersten Liga kicken.

In Istanbul ist der Fanclub von Beşiktaş so bekannt wie der Fußballclub selbst. Er heißt Çarşı, auf Deutsch »Markt«, weil der Markt von Beşiktaş sein Treffpunkt ist. Dort diskutieren die Fans bei ihrem schwarzen Adler über Fußball – und Politik. Das »A« in »Çarşı« wird gern in einem Kreis geschrieben, um das anarchistische Selbstverständnis zu unterstreichen. Çarşı – das unterscheidet den Fanclub von anderen der Stadt – ist seit Jahren bekannt für sein politisches Engagement, das von anarchistischem Impuls und Selbstironie getragen ist. Auf »çarşı« reimt sich »karşı« (gegen), das Wortpaar gibt einen hervorragenden Schlachtruf ab, und Çarşı ist gegen vieles, manche meinen sogar gegen alles.

Auf jeden Fall war Çarşı dagegen, als im Sommer 2013 oben am Taksim-Platz der Gezi-Park geopfert werden sollte. Manch behelmtem Polizisten wurde blümerant zumute, als die starken Jungs von Beşiktaş aufmarschierten und »çarşı – karşı« skandierten. Dass sie auf der nahen Baustelle einen Bulldozer kaperten und diesen durch den Tränengasnebel gegen die staatlichen Wasserwerfer steuerten, entschied die Auseinandersetzung zwar nicht, war aber eine spektakuläre Aktion und bescherte Çarşı neue Sympathisanten.

Beim schwarzen Adler wird weiterhin über Fußball und Politik diskutiert, schwarz-weiß gestreifte Trikots und andere Accessoires aus dem BJK-Shop werden verkauft. Die Stimmung ist gut. Çarşı ist im Stadtteil beliebt und gut verankert.

Adresse Şehit Asım Cad., Beşiktaş | **ÖPNV** Tram T 1, Haltestelle Kabataş, oder Untergrund-Drahtseilbahn Taksim−Kabataş, untere Haltestelle, und jeweils 20 Minuten zu Fuß; Schiff, Anlegestelle Beşiktaş | **Tipp** Restaurant Hasbi: ausgezeichnetes Fischlokal am nahen Fischmarkt (Köyiçi Meydan Sok. 6).

24__ Die Casa Garibaldi

Eine Oper für Arbeiter

Am 17. Mai 1863 trafen sich in Beyoğlu 41 Italiener, alle Arbeiter beziehungsweise Gastarbeiter, und gründeten einen Arbeiterhilfsverein, die »Società Operaia Italiana di Mutuo Soccorso«. Italien war damals gerade zwei Jahre alt und der Haudegen Giuseppe Garibaldi die populärste Persönlichkeit südlich der Alpen. Die italienischen Arbeiter Istanbuls trugen ihm die Präsidentschaft ihres neu gegründeten Vereins an, und da die italienische Einigung auch Giuseppe Mazzini viel verdankt, diesem die Ehrenpräsidentschaft. Die beiden Giuseppe akzeptierten.

Garibaldi war tatsächlich einmal in Istanbul, nicht zur Gründung des Vereins, sondern 35 Jahre vorher. Der damals noch unbekannte 21-Jährige segelte von Nizza in Richtung Schwarzes Meer, ließ sich unterwegs drei Mal von griechischen Korsaren ausrauben und kam 1828 in Istanbul an, wo er sich drei Jahre lang als Lehrer für Italienisch, Französisch und Mathematik durchschlug.

Heute kümmert sich der Türkische Verband der Reiseveranstalter (TÜRSAB) um die Restaurierung der Casa Garibaldi, des Sitzes des alten italienischen Arbeiterhilfsvereins. Die Arbeiten sollen 2014 abgeschlossen sein. Vorgesehen ist die Gründung eines italienisch-türkischen Kulturzentrums.

In der ersten Etage ist in alten Glasschränken die stattliche Bibliothek des Vereins untergebracht, bewacht von der Büste des Ehrenpräsidenten Giuseppe Mazzini. Spektakulärer ist die zweite Etage: Dort befindet sich der alte Theatersaal des Vereins. Er ist ein Juwel, hinten eine Empore, vorne eine klassische italienische Bühne und darüber in großen Lettern das Motto des vor 150 Jahren gegründeten Vereins: »Chi ama la patria, la onori con le opere.« (Wer sein Vaterland liebt, ehre es mit seiner Arbeit). Aber in »opere« hören wir auch Opernklänge heraus. Rossini, Verdi und Puccini – wir stellen uns vor, dass der Arbeiterhilfsverein hier sein eigenes Opernhaus gebaut hat.

Adresse Deva Çıkmazı 4, Galatasaray | **ÖPNV** Tünel-Bahn, obere Haltestelle; Metro M 2, Haltestelle Şişhane | **Tipp** Pera Müzesi: Das Museum zeigt eine große Sammlung orientalischer Malerei und temporäre Ausstellungen zeitgenössischer Künstler und Filme (Meşrutiyet Cad. 65, geöffnet Di−Sa 10−19 Uhr, So 12−18 Uhr).

25___Çavuş Hamamı

Auf den Spuren jüdischen Lebens in Balat

Balat ist für Historiker das jüdische Viertel Istanbuls schlechthin. Tatsächlich waren hier bereits romaniotische Juden aus Mazedonien ansässig, bevor 1492 Zehntausende aus Spanien vertriebene Juden (Sepharden) dazukamen. Balat war jahrhundertelang stark jüdisch geprägt, man zählte rund ein Dutzend Synagogen. Der große Exodus begann mit der Staatsgründung Israels 1948. Heute wohnen nur noch wenige Juden hier, die meisten von ihnen vermutlich im jüdischen Altersheim, unten am Goldenen Horn.

Der Çavuş-Hamam (auch Balat Hamamı oder Çıfıt Hamamı genannt) ist einer der ältesten der Stadt, ein rotes Gebäude zwischen einer Moschee und einer armenischen Kirche. Die Architektur hat mit dem klassisch-osmanischen Hamam wenig gemein. Der ungefähr rechteckige Bau ist ein Doppelhamam mit getrennten Eingängen – Männlein hier, Weiblein dort. Im Eingangsbereich soll früher das zentrale Brunnenbecken für die rituelle jüdische Reinigung (Mikwe) gestanden haben, aber davon wissen die heutigen Betreiber nichts. »Doch, da war ein Becken«, greift ein uralter Mann in die Diskussion ein, jedenfalls hätte ihm das sein Vater erzählt. Vielleicht war der Çavuş-Hamam von vornherein als rituelles Bad konzipiert, vielleicht handelt es sich auch um einen alten osmanischen Hamam, der für die jüdische Bevölkerung »nachgerüstet« wurde. Heute ist er längst türkisiert und leider etwas heruntergekommen.

Südlich des Hamams stößt man auf die Ahrida-Synagoge, die als älteste der Stadt gilt und 1991 restauriert wurde. Sie steht unter Denkmalschutz und wird gelegentlich noch für religiöse Feiern benutzt.

Die Spuren der Juden verblassen. Was Balat heute von den benachbarten Vierteln mit ihren schwarz verschleierten Gestalten unterscheidet, sind farbenfroh gekleidete Frauen – Roma, die nach der Vertreibung aus ihrem Stammviertel Sulukule hier eine neue Heimat gefunden haben.

Adresse Çavuş Hamamı Sok., Balat | **ÖPNV** einfacher mit dem Taxi | **Tipp** Märkte: Samstags findet der »Kastamonu-Markt« statt (am Sonntag ist derselbe Markt in Kasımpaşa), landwirtschaftliche Produkte erster Güte. Dienstags wird der traditionelle Balater Stadtteilmarkt abgehalten (Mahkeme Altı Cad.).

26__Çemberlitaş

Und ganz oben der Kaiser

Ihren türkischen Namen verdankt die 35 Meter hohe Säule den Eisenreifen (çember), die sie umklammern. Meist wird sie übersehen oder gar für einen Schornstein gehalten. Das auch als »Konstantinssäule« bezeichnete Bauwerk datiert aus dem Jahr 330, als Kaiser Konstantin Byzantion zur neuen Hauptstadt des Römischen Reiches ausrief. Die Säule stand mitten auf dem Konstantinsforum im Zentrum und war damals noch 50 Meter hoch. Ganz oben stand wie ein Apoll der vermutlich splitternackte Konstantin mit Strahlenkranz ums kaiserliche Haupt.

Im orthodoxen Christentum wird Konstantin fast wie ein Heiliger verehrt, die übrige Christenheit dankt ihm dafür, dass er die verfolgte Minderheit unter seinen Schutz stellte. Kritische Historiker meinen, er hätte das Christentum ganz einfach für seine politischen Zwecke instrumentalisiert. Zimperlich war Konstantin jedenfalls nicht: Er ließ Schwiegervater, Schwager, Sohn und Frau ermorden. Voltaire urteilte mit nüchternem Spott: »ein politisch nicht unbegabter Krimineller«.

Die Säule besteht aus Porphyrtrommeln, ursprünglich waren es vielleicht zehn, vielleicht auch nur sieben, und darüber ein Podest. Heute sind jedenfalls noch sechs sichtbar, eine siebte, die unterste, ist eingemauert. Nach einem Erdbeben 416 wurden die Steinblöcke mit Reifen verklammert, die ab und zu erneuert wurden, zum letzten Mal vor ein paar Jahren. Ein Sturm 1106 zerstörte den obersten Teil, vermutlich fiel bei dieser Gelegenheit auch der Kaiser vom Sockel.

Zu den Rätseln des Monuments gehören die Reliquien – heidnische und christliche durcheinander –, die im Sockel eingemauert sein sollen. Vielleicht findet sich darunter sogar ein Teil des originalen Christuskreuzes, das Konstantins fromme Mutter Helena aus Jerusalem mitgebracht haben soll. Ein Aufbrechen des Sockels verbietet sich, die Säule könnte zusammenstürzen. Sie steht immerhin schon bald 1700 Jahre da.

Adresse Vezirhan Cad./Divan Yolu, Çemberlitaş | **ÖPNV** Tram T 1, Haltestelle Çemberlitaş | **Tipp** Çemberlitaş Hamamı: Gleich bei der Säule lädt ein klassischer osmanischer Hamam zum Schwitzen im gepflegten Ambiente ein. Täglich 6–24 Uhr geöffnet, Männer und Frauen getrennt.

27 Die Cihangir-Treppe
Regenbogen unter den Füßen

»Tag für Tag dieselben grauen Stufen hochgehen, das Leben ist ohnehin grau genug.« So muss Hüseyin, ein Rentner des Viertels, gedacht haben, als er im August 2013 zur Selbsthilfe schritt. Er kaufte Farbe und Pinsel und malte drei Stufen bunt. Die Passanten blieben stehen, die meisten fanden anerkennende Worte. Hüseyin sah sich bestätigt, suchte erneut den Farbladen auf und kaufte groß ein: 40 Kilo Farbe für umgerechnet rund 600 Euro. Mit drei Freiwilligen setzte er das Werk fort, Anwohner brachten den Malern Tee und Gebäck. Nach nur vier Tagen zog sich ein Regenbogen über fast 200 Stufen hoch. Es wurde viel fotografiert, die Leute waren begeistert, das Leben war bunter geworden.

Nur zwei Tage lang dauerte die Freude. Dann rückten Gemeindearbeiter an und malten die Treppe in die graue Zeit zurück. Der Aufruhr im Viertel war groß. Der Bürgermeister meinte kleinlaut, ein Anwohner hätte sich beschwert. Vermutlich war es eine Ausflucht, oben am Gezi-Park war der Teufel los, und war der Regenbogen nicht das Symbol der Homosexuellen, Transvestiten und anderen verruchten Gesindels?

In kürzester Zeit – Twitter und Facebook sei Dank – war die Geschichte in ganz Beyoğlu bekannt. Der Beschluss zur Aktion war schnell gefasst: Die Treppe wird farbig. Noch schneller war diesmal der Bürgermeister. Wieder rückten die Gemeindearbeiter an und malten die Treppe wieder bunt – mit weniger Liebe als Hüseyin und seine Helfer, aber am Schluss war der Regenbogen wieder da.

Über Nacht soll der Bürgermeister seine Meinung geändert haben. Er findet die farbige Treppe jetzt auch ganz toll. Vermutlich ein Wendehals, der vor der Mehrheit couragierter Bürger kapitulierte. Mittlerweile hat die Cihangir-Treppe in der Stadt Nachahmer auf den Plan gerufen. Das Original aber ist hier, und auch Anstifter Hüseyin wohnt noch hier. Er muss nicht mehr graue Stufen hochgehen. Vorläufig.

Adresse Meclis-i Mebusan Cad., Fındıklı | **ÖPNV** Tram T 1, Haltestelle Tophane oder Fındıklı | **Tipp** Café Kaktüs: nach dem Treppensteigen im Szene-Café ausruhen (Cihangir Cad. 16).

28__Das Date Istanbul

Armağans gepflegtes Jazzlokal

Armağan Sönmez, Besitzer von »Date Istanbul« und Seele des Hauses, ist ein großer Jazzliebhaber. Er verfolgt, was sich in der Istanbuler Szene tut. Das Programm spiegelt weitgehend seinen eigenen Goût wider, und er hofft, damit auf den seiner Gäste zu treffen. Die Rechnung geht offenbar auf, das Lokal läuft gut.

Die Konzerte sind meistens auf 22 Uhr programmiert, manchmal eine halbe Stunde früher, manchmal eine halbe Stunde später. Vor Beginn sieht man Armağan einen letzten Kontrollgang machen: Tontechnik und Bühnenlicht werden noch einmal kurz überprüft, ein letzter Blick auf den nicht sehr großen Saal, wo das wartende Publikum bei Bier, Rakı und kleinen Snacks Platz genommen hat. Die Musiker haben ihre Instrumente eingestimmt, es kann losgehen.

Türkischer Jazz ist in Deutschland nicht gerade bekannt, die Namen der Musiker werden dem Deutschen kaum etwas sagen. Ein Besuch bei »Date Istanbul« verlangt also eine Portion Neugier oder Vertrauen in Armağans guten Geschmack, am besten bringt man beides mit. In Istanbul hat sich eine lebendige Jazzszene herausgebildet, die sich durchaus sehen und hören lassen kann. Lokal bekannte Größen treten im »Date Istanbul« auf, aber auch Newcomern wird hier eine Chance gegeben. Dem Publikum wird guter Jazz geboten, die Musiker ihrerseits stoßen auf ein anspruchsvolles Publikum, die Stimmung ist gut – auch das ein Erfolg des Mannes, der im Hintergrund die Fäden zieht, mit einem Glas in der Hand das Ganze überwacht und ein zufriedenes Gesicht macht. Sein »Date Istanbul« ist eindeutig zu einem Treffpunkt für Freunde des Jazz geworden.

In einem anderen Teil des Gebäudes hat »Date Istanbul« ein kleines Restaurant eingerichtet: internationale Küche auf mediterraner Basis. Das probieren wir nächstes Mal aus – im blinden Vertrauen darauf, dass der umsichtige Armağan auch hier dafür sorgt, dass alles stimmt.

Adresse Ensiz Sok. 1/B, Tünel-Beyoğlu | **ÖPNV** Tünel-Bahn, obere Haltestelle; Metro M2, Haltestelle Şişhane | **Tipp** Spaziergang an der Meşrutiyet Caddesi: Die Häuser haben wunderschöne Fassaden.

29 __ Deniz Müzesi

Gondeln, Gold und Ebenholz

Nach fünfjähriger Arbeit präsentierte im Herbst 2013 das Marinemuseum in einem modernen Neubau seine erste Abteilung. Es dürfte der spektakulärste Trakt des ganzen Museums bleiben. Statt zu überlegen, wie und wo man imperiale Schiffe in einem Museum unterbringt, dachte man umgekehrt und passte das Museum den Schiffen an. Die Lösung überzeugt.

Die Prunkstücke sind in der unteren Halle. Der Besucher staunt nur, mit welchen Prachtgondeln die Sultane unterwegs waren, auch wenn sie nur einen kurzen Ausflug an die andere Seite des Bosporus vorhatten. Das größte Schiff beschäftigte 174 Ruderer, keine Galeerensträflinge, sondern korrekt gekleidete Marinesoldaten mit Fez. Die Ruder- und Segelschiffe sind aus bestem Holz – Mahagoni oder Ebenholz – gefertigt und zeigen eine Goldverzierung wie aus Tausendundeiner Nacht, die Buge sind Kunstwerke. Ganz luxuriöse Schiffe sind mit einem »Köşk« ausgestattet. Das Wort, das sonst einen Gartenpavillon bezeichnet, steht hier für ein kleines, schmuckes Gehäuse wie bei einer geschlossenen königlichen Droschke. Wollte der Sultan mit oder ohne Sultanin seine Ruhe haben, zog er die Damastvorhänge zu. Dass die Sultane in der Seefahrt mehr sahen als nur ein privates Vergnügen, bezeugt dann ein prunkvoller Thron. Er stand in der Marine-Akademie, damit der Herrscher persönlich den Abschlussprüfungen der künftigen Offiziere beisitzen konnte.

Geradezu bescheiden nehmen sich dann die drei Boote in der oberen Halle aus, mit denen der Republikaner Atatürk seine Ausflüge machte: zwei Nussschalen für zwei Ruderer, eine Nussschale für einen Ruderer, falls er einmal alleine zum Fischfang fahren wollte – und an der Wand ein Foto, wie man es selten sieht: Atatürk entspannt und mit wehendem Haar. Ein passendes Zitat von ihm findet sich in der Türkei zu allem und jedem, so auch hier: »Die Seefahrt ist ein Zeichen der Zivilisation.«

Adresse Dolmabahçe Cad., Beşiktaş Cad. 6 | **ÖPNV** Tram T 1, Haltestelle Kabataş, oder Untergrund-Drahtseilbahn Taksim–Kabataş, untere Haltestelle, und jeweils 20 Minuten zu Fuß; Schiff, Anlegestelle Beşiktaş | **Öffnungszeiten** täglich 9–17 Uhr | **Tipp** Saray Koleksiyonları Müzesi: gleich nebenan; Schmuckstücke aus mehreren osmanischen Palästen, von der kunstvollen Porzellankaraffe bis zu den frühesten Tonträgern, geöffnet Di–So 9–17 Uhr.

30__Die Deutsche Orientbank

Vom Finanzarm im Osten zum Raubgold der Nazis

Der Name über dem Eingang ist noch gut zu lesen: »Deutsche Orientbank AG«. Architekt des Baus ist August Jachmund, der von der Berliner Regierung nach Istanbul geschickt wurde, um die osmanische Architektur zu studieren. Bekannt wurde Jachmund als Architekt des Bahnhofs Sirkeci. Während er dort Rücksicht auf die Erwartungen des Sultans nehmen musste und viele orientalische Elemente in das Bauwerk einfließen ließ, konnte er beim Bau für die Deutsche Orientbank seine eigenen Vorstellungen ohne Kompromisse umsetzen. Resultat ist ein Gebäude im Neorenaissance-Stil, der damals in ganz Mitteleuropa Mode war. Am Eckturm sind Kanneluren zu sehen, über den vier Geschossen thront ein Tempietto mit kupferner Kuppel.

Im maroden Osmanischen Reich waren bereits einige europäische Banken zugange, als die Deutsche Orientbank 1906 ihre Istanbuler Geschäftsstelle eröffnete. Das größte Aktienpaket war im Besitz der Dresdner Bank, die nun mit der Deutschen Orientbank einen Finanzarm im Osten hatte. Unter der kupfernen Kuppel wurden eifrig Geschäfte mit dem Osmanischen Reich abgewickelt. Nach dem Ersten Weltkrieg herrschte Flaute im Bankengeschäft, erst unter den Nazis blühte die Deutsche Orientbank, jetzt ganz im Besitz der Dresdner Bank, nochmals auf. Wie auch ihre Konkurrentin, die Deutsche Bank, diente sie den Nazis dazu, Raubgold zu waschen, unter anderem auch das Gold, das den Häftlingen in den Konzentrationslagern vor oder nach ihrer Ermordung abgenommen wurde. Die Verstrickungen der Deutschen Orientbank in den Holocaust sind heute unbestritten.

Im Jahr 1944 schloss die Deutsche Orientbank ihre Pforten. Ein türkisches Kreditinstitut übernahm vorübergehend die Räume. Das stolze Gebäude wurde 1992 restauriert, eine erneute Restaurierung täte ihm gut. Derzeit wird das Erdgeschoss als Depot für alles Mögliche benutzt, nur nicht für Geld – und auch nicht für Gold.

DEUTSCHE ORIENTBANK A.G.

Adresse Vakıf Han Sok., Eminönü | **ÖPNV** Tram T 1, Haltestelle Eminönü; Schiff, Anlegestelle Eminönü | **Tipp** Ägyptischer Basar: einfach der gekitzelten Nase nach – bis ins Zentrum der orientalischen Düfte, täglich geöffnet.

31__Doğan Apartmanı

Wo Preußens Botschafter nicht residierte

Über dem Straßengewirr zwischen Tophane und Karaköy sticht ein stattlicher gelber Bau ins Auge, der, wenn man sich ihm nähert, meist wieder hinter den Häuserfronten verschwindet – bis man dann plötzlich doch vor ihm steht. An der Stelle des Prachtbaus mit seinem u-förmigen Grundriss hätte die Deutsche Botschaft residieren können. Doch dazu sollte es nicht kommen.

Ausfindig gemacht hatte das Grundstück in den 1860er Jahren der preußische Gesandte Joseph Maria Anton Graf von Brassier de Saint-Simon Ballade. Der Graf mit dem langen Namen fand hier ein stattliches Holzhaus vor und überzeugte Bismarck, dieses zur Preußischen Gesandtschaft ausbauen zu lassen. Als Käufer schob man, bis die Genehmigung aus dem Sultanspalast eintraf, einen türkischen Strohmann vor. Doch Diplomaten bleiben nie lange, und obendrein hat jeder seine eigenen Vorstellungen. Als der bestellte Nachfolger des Grafen, ein gewisser Joseph Maria von Radowitz, den Holzbau besichtigte, war er entrüstet, dass sich sein Vorgänger »eine solche Baracke in einem üblen Stadtviertel« hatte aufschwatzen lassen, und setzte in Berlin im letzten Moment den Bau einer Botschaft in der Nähe des Taksim-Platzes durch. Dort hat Deutschland noch heute seine Vertretung.

Der sechsstöckige Bau, der an der Stelle des einstigen Holzhauses steht, stammt aus dem ausgehenden 19. Jahrhundert. In den rund 50 Wohnungen lebten anfangs fast ausschließlich Juden, Griechen und Ausländer. In der zweiten Hälfte des 20. Jahrhunderts ersetzten dann Türken die ausgewanderten Minderheiten. Aus den Miet- wurden Eigentumswohnungen. Seit seiner letzten Renovierung 2004 erstrahlt das Doğan Apartmanı wieder in seiner ganzen Pracht. Die besten Wohnungen zeigen einen großen Balkon zum begrünten, kopfsteingepflasterten Innenhof, von den oberen Etagen muss der Blick auf den Palasthügel und die Hagia Sophia phantastisch sein. Teuer genug sind sie.

Adresse Serdar-ı Ekrem Sok. 56, Galata | **ÖPNV** Tünel-Bahn, obere Haltestelle; Metro M 2, Haltestelle Şişhane | **Tipp** Café Sntrldkn: Das vokallose Design-Café an der Ecke führt einen Shop mit Design-Artikeln und guten Geschenkideen.

32__Der Englische Friedhof
Die Toten des Union Jack

Der weitläufige, sehr gepflegte Friedhof in der Nähe des stillgelegten Bahnhofs Haydarpaşa gehört zu den Oasen der Ruhe in der lärmigen Stadt. Das Gelände wurde 1855 der britischen Regierung geschenkt, damit diese ihre Opfer des Krimkriegs beerdigen konnte. Mit rund 6.000 Toten bezahlten die Engländer ihr Engagement an der Seite des Osmanischen Reiches. Viele von ihnen waren allerdings gar nicht zum Einsatz gekommen, da eine Cholera-Epidemie in Istanbul wütete. Von der Stadt am Bosporus sahen sie kaum mehr als das Militärkrankenhaus von Üsküdar, wo die berühmte Florence Nightingale gegen miserable hygienische Zustände ankämpfte. An die Toten erinnert ein großer Obelisk, den Königin Victoria errichten ließ, an die tapfere englische Krankenschwester eine Gedenktafel.

Von den Krimkriegstoten getrennt sind die Gräber ziviler Engländer, die in Istanbul lebten und starben. Zu ihnen gesellt sich aus welchen Gründen auch immer der polnische »Diktator« Marian Langiewicz, der mit schweizerischem Pass nach Istanbul gelangte und seine Karriere als Beamter der osmanischen Armee beendete. Der aufmerksame Spaziergänger wird noch weitere Gräber finden, die stutzig machen.

Dann folgen wieder Kriegstote, Engländer während der Besatzungszeit, Soldaten des Commonwealth, die im Ersten Weltkrieg ihr Leben irgendwo in der Türkei oder in Russland verloren. Bescheidene weiße Steinplatten, die sich nur durch die notierten Namen unterscheiden. Im Leben mögen sie Seite an Seite gekämpft haben, als Tote liegen sie fein säuberlich nach Religionszugehörigkeit getrennt: Hindus hier, Moslems da und Christen dort.

Nach dem wunderbaren Spaziergang wäre der Besuch des benachbarten Florence-Nightingale-Museums eine gute thematische Abrundung. Leider liegt es mitten im Militärareal, und ohne rechtzeitige Voranmeldung kommt man an der waffenstarrenden Wache nicht vorbei.

Adresse Tibbiye Cad., Haydarpaşa | **ÖPNV** Schiff, Anlegestelle Haydarpaşa | **Tipp** Haydarpaşa-Bahnhof: Der Besuch des Englischen Friedhofs lässt sich ideal mit jenem des stillgelegten Bahnhofs verbinden.

33___Die Fayton-Station

Öko-Taxis auf der Insel

An sommerlichen Wochenenden und Feiertagen reicht die Menschenschlange bis zum Uhrturm auf dem zentralen Platz, und mit jedem Schritt, den man vorankommt, riecht es ein bisschen mehr nach Pferd. Auf den letzten Metern kann man schon einmal die Preistafel konsultieren. Die Tarife für den Transport sind übrigens von der Kommune festgelegt.

Auf dem Fayton-Platz geht es zu wie an einer zentralen Taxihaltestelle: Vorne wird weggefahren, hinten schließen die Nächsten auf – mit dem Unterschied, dass die Taxis hier Pferdedroschken sind und »Fayton« heißen. Bis zum Zweiten Weltkrieg noch prägten Kutschen das Straßenbild Istanbuls. Heute haben sie ein Refugium auf den Inseln bekommen. Der motorisierte Verkehr – ausgenommen sind kommunale Dienstfahrzeuge – ist hier seit einem Erlass Atatürks von 1928 verboten.

Wie ein Taxi hat auch die Kutsche eine Nummer, der Kutscher hat eine Prüfung absolviert und verfügt über eine Lizenz. Für die Inselbewohner ist der doppelspännige Fayton das alltägliche Verkehrsmittel, für Touristen hat die Fahrt eine nostalgische Note. Die Kutsche ist bunt, seitlich offen, vom Dach hängen Fransen, den aufgerissenen grellfarbigen Plastikbezug der Sitzbank nimmt man in Kauf. Der Kutscher schreit hü und hott, was auf Türkisch »yürü« und »dur« heißt. Im einen Fall hilft die Peitsche nach, im anderen eine Kurbelbremse. Eine Glocke ersetzt die Hupe. Pferdeäpfel fallen nicht auf die Straße, sondern werden rechtzeitig von einem angebundenen Sack aufgefangen. Gummis um die Hufe dämpfen das Geklapper.

Wie ein Taxiunternehmer hält ein Besitzer mehrere Faytons auf Trab, die Arbeit leistet der Kutscher. Spätabends nimmt er den Fayton mit nach Hause. Die Pferde wollen gefüttert werden, und er selbst setzt sich auch zu Tisch. Die Kutschersiedlung liegt versteckt, die Häuser dort sind ärmlich – im Gegensatz zu den Villen, die man vom Fayton aus zu sehen bekommt.

Adresse Fayton Meydanı, Büyükada | **ÖPNV** Schiff, Anlegestelle Büyükada | **Tipp** Büyük Tur: Die große Inselumrundung ist nicht billig, aber die 75-minütige Kutschenfahrt ist grandios.

34__ Fener

Byzanz in Istanbul

Fener ist das historische Viertel der Istanbuler Griechen, der Nachfahren der Byzantiner. Nach der Eroberung Konstantinopels 1453 zog die griechische Oberschicht hierher. 1601 verlegte der Patriarch seinen Sitz nach Fener, wo er heute noch residiert. Als Ökumenischer Patriarch ist er Oberhaupt der gesamten orthodoxen Christenheit, de facto bestimmt er über die griechisch-orthodoxen Christen der Türkei und einiger Gebiete Griechenlands. Um 1955 lebten noch rund 120.000 Griechen in Istanbul. Nach der großen Vertreibung – Vorspiel und Auftakt des Zypernkonflikts – war ihre Zahl auf knapp 2.000 geschrumpft.

Der Aderlass betraf auch das griechisch-orthodoxe Knabengymnasium, einen massiven, rot geziegelten Bau mit oktogonalem Turm, den mancher für eine Kirche hält. Schon seit byzantinischer Zeit steht hier eine Schule, der heutige Bau datiert aus dem 19. Jahrhundert. 1955 lernten hier rund 400 Jungen, heute steht die Schule auch Mädchen offen und verzeichnet noch 57 Schüler und Schülerinnen; manchmal sieht man sie in ihren blau-weißen Uniformen am Tor stehen.

Etwas unterhalb stößt man auf eine Marienkirche, »Mongolenkirche« genannt: Eine byzantinische Prinzessin aus dem 13. Jahrhundert, mit einem Mongolenfürsten verheiratet, kehrte als Witwe zurück, erweiterte die Kirche zum Kloster und lebte fortan als Nonne hier. Es ist die einzige Kirche der Stadt, die nie in eine Moschee umgewandelt wurde. Im kryptaähnlichen Untergeschoss sprudelt eine heilige Quelle, im Nebenraum liegen Amphoren.

Wer aufmerksam durch Fener geht, findet noch andere Spuren byzantinisch-griechisch-orthodoxer Vergangenheit – und betritt dann die Patriarchatskirche, das religiöse Zentrum der orthodoxen Christenheit. Wegen seiner Unterstützung der Griechen bei ihrem Aufstand wurde 1821 der damalige Patriarch von den Osmanen an der mittleren Tür aufgehängt. Seither ist sie verschlossen.

Adresse Fener | **ÖPNV** einfacher mit dem Taxi | **Tipp** Ein Spaziergang durch Fener mit seinen engen Gassen und verfallenen Häusern führt zu weiteren griechischen Kirchen.

35__Fethi Paşa Korusu

Grüner Traum über dem Bosporus

Der Namensgeber des Wäldchens am Bosporus war der Schwiegersohn von Sultan Mahmud II., nach dessen Tod Schwager von Sultan Abdülmecid I. Die Nähe zum Hof machte sich bezahlt: Fethi Paşa bekam ein Grundstück am Bosporus und baute ein großes Yalı, das, wie alle Sommerresidenzen am Bosporus, vom Wasser aus zugänglich war. Das Yalı ist heute in Privatbesitz und nicht zu besichtigen, das Wäldchen darüber ist in kommunalem Besitz und gehört nach seiner Verschönerung 2003 zu den schönsten Oasen der asiatischen Seite.

Wer von der Uferstraße aus den Waldweg hochgeht, kommt zuerst zu einem Brunnen, von dem aus man zwischen den Bäumen hindurch den Bosporus schimmern sieht. Das Wäldchen selbst ist gepflegt wie ein botanischer Garten und zeigt eine erstaunliche Artenvielfalt: Kastanienbäume, Zedern, Pinien, Robinien, Eschen, Judasbäume und mehr. Weiter oben folgen ein Restaurant und ein Teegarten, von dem aus man über das Wäldchen hinweg einen freien Blick auf den Bosporus genießt. Wer noch weiter hochgeht, stößt auf einen künstlichen Wasserfall.

Noch schöner wäre die Örtlichkeit, wenn die Kommune den gastronomischen Einrichtungen dieselbe Pflege zukommen ließe wie dem Wäldchen. Aus der wunderbaren Terrassenlage des Teegartens ließe sich eindeutig mehr machen. Man wird den Eindruck nicht los, es würden hier kommunale Beamte arbeiten, die ihr Gehalt so oder so beziehen. Statt Tee zu servieren, säßen sie vermutlich lieber in einem Büro, wo es weniger zu tun gibt. Von ausgelassener Stimmung im Lokal kann keine Rede sein. Auch nicht besonders fröhlich wirken die jungen Pärchen, die man hier ab und zu sieht: eher ernsthaft und mit züchtigem Abstand, die junge Frau meist mit Kopftuch. Das nahe Üsküdar zählt zu den Hochburgen der Religiösen. Für sie ist vielleicht schon ein Spaziergang in Fethi Paşa's wunderschönem Wäldchen etwas, das man besser für sich behält.

Adresse Paşa Limanı Cad., Üsküdar | **ÖPNV** Schiff, Anlegestelle Kuzguncuk, und 15 Minuten zu Fuß | **Tipp** Den Spaziergang verlängern, am oberen Ende des Parks über die Straße hinaus und dann links über Kuzguncuk zurückgehen.

36 __ Fıstık Ahmet

Ein ungewöhnlicher Wirt

Eigentlich heißt er Ahmet Tanrıverdi, aber da er unentwegt Pistazien (türkisch: fıstık) in seinen Mund schiebt, ist er zum Fıstık Ahmet geworden. Sein Lokal nennt er »Prinkipo«, aber das kann er noch so groß über den Eingang schreiben, der Name des Lokals setzt sich nicht gegen den Namen des Wirts durch. Auf Büyükada tafelt man bei Fıstık Ahmet.

Sein Restaurant, das letzte an der Hafenzeile, erkennbar am grünen Dach, ist dreigeteilt, sodass man je nach Wetter und Temperatur wählen kann: Dem kleinen Raum im Haus folgt ein üppig begrünter, überdachter Vorbau, der in einen betischten Garten führt, von dem aus man auf das asiatische Ufer blickt. Das Ambiente ist so ungezwungen, dass man sich sofort wie zu Hause fühlt: keine steifen Kellner, keine Anonymität. Und schließlich das Wichtigste: Die Küche ist hervorragend. Ahmet versteht sich nicht nur auf die Zubereitung von Fisch, sondern kennt auch unendlich viele Vorspeisen (türkisch: meze), von denen er stets eine neue Auswahl zusammenstellt. Er ist Autor eines Buchs über die Kunst der Meze-Zubereitung. Dass er auch noch ganz andere Bücher geschrieben hat, sei nur nebenbei erwähnt.

Wer so viel von Fisch und Meze versteht, muss auch ein großer Rakı-Kenner sein. An der Theke liegt ein Faltblatt aus, auch in deutscher Sprache, in dem Ahmet kenntnisreich über das Kneipenwesen im Osmanischen Reich informiert und über die verschiedenen Rakıproduzenten in der türkischen Geschichte bis heute. Auch, wie viel Rakıgenuss ideal und das wievielte Glas zu viel ist, wird verraten. Zum Schluss dichtet der Wirt: »Ihre Nacht soll klar / Ihre Tafel fröhlich / Ihre Meze bekömmlich / Ihre Unterhaltung Zucker / Ihre Stimmung Honig / Ihr Rakı Rahm sein.« In diesem Programm liegt sein Erfolgsgeheimnis. Das Faltblatt hat er mit »Prinkipo, die ungewöhnliche Kneipe« überschrieben. Passender wäre: »Fıstık Ahmet, der ungewöhnliche Wirt.«

Adresse Gülistan Cad. 11, Büyükada | **ÖPNV** Schiff, Anlegestelle Büyükada | **Tipp**
Schnellbad: Es ist zwar kein öffentliches Bad, an heißen Tagen badet die Öffentlichkeit
dennoch am Ende der Restaurantzeile.

37___Der Flohmarkt von Feriköy

Wo man findet, was man nicht gesucht hat

Feriköy ist kein schönes Viertel, es wird dort derzeit viel gebaut. Kein architektonisches Konzept regiert die Baustellen, sondern, wie so oft in Istanbul, urbaner Wildwuchs. Der Stadtteil, der seinen Namen einem Monsieur Feri, einem französischen Händler des 19. Jahrhunderts, verdankt, galt lange Zeit als Siedlungsgebiet von Griechen, Armeniern und Georgiern. Oft werden in diesem Zusammenhang auch die Levantiner erwähnt, jene orientalischen Mischlinge, deren Stammbaum je nachdem griechische, armenische, spaniolisch-jüdische, italienische, syrische und andere Elemente aufweist und die im Westen einen eher zweifelhaften Ruf genießen.

Der Flohmarkt von Feriköy ist für uns ein letztes Abbild einer verschwindenden Welt, die einstige multikulturelle Buntheit ist dem eintönigen Grau des Betons gewichen. Nur am Sonntag flackert sie jeweils noch einmal auf: Dann ist Flohmarkt in Feriköy. Zu finden ist der kleine bunte Flecken nicht einfach, die Baustellen lassen auch die neuesten Stadtpläne veralten. Da hilft nur noch Durchfragen: »Bitpazarı« heißt der türkische Flohmarkt, übersetzt »Läusemarkt«.

Der Flohmarkt von Feriköy ist noch ein richtiger Flohmarkt, keine dieser Kopien, wo professionelle Händler mit ihrem Minibus aus 100 Kilometer Entfernung ihre Ware ankarren, einen Stand aufklappen und abends wieder verschwinden. Hier verkaufen auch Hausfrauen ihre Sachen, die sie nicht mehr brauchen: Handtaschen, Kleider und Schuhe, letztere meist ausgetreten. Küchengeräte, die wohl aus der Zeit des letzten Sultanats stammen, Uhren, die seit einer Generation stillstehen, uralte Fotoapparate mit Balgenobjektiv, Kriegsmemorabilien, Postkarten, die der Großvater der Großmutter schickte, und anderes vom Dachboden, mit dem der Erbe nichts anzufangen weiß. Fazit des Besuchs: Auf dem Flohmarkt Feriköy kann man alles finden, vor allem das, was man nicht gesucht hat.

Adresse Lala Şahin Sok., Feriköy | **ÖPNV** Metro M 2, Haltestelle Osmanbey, und circa 30 Minuten zu Fuß oder mit dem Taxi | **Öffnungszeiten** sonntags | **Tipp** Brauerei Bomonti: Die älteste Bierfabrik der Türkei, 1894 von zwei Schweizern gegründet, ist ein Industrierelikt aus osmanischer Zeit (Bomonti Arkası Sok.).

38 __ Der Gezi-Park

Ein Symbol des Widerstands

Die kleine Grünfläche am Taksim-Platz wurde im Sommer 2013 über Nacht berühmt: Bilder von Wasserwerfern, Polizisten, Demonstranten und Tränengasnebel gingen um die Welt.

Die Regierung gestaltet derzeit den Taksim-Platz neu. Ein Platz als Fußgängerzone mit Metrostation – dagegen hat kaum einer etwas. Aber der religiös gefärbte Ministerpräsident denkt weiter. Eine Moschee, die den Platz dominiert, wäre ihm lieber als das Denkmal der Republik, das dort steht. Der Gezi-Park am Platz, eine der letzten Grünflächen der Innenstadt, soll dem Remake einer osmanischen Kaserne weichen. Hinter deren Fassade könnte man einige schicke Boutiquen einrichten.

Den Gegnern, die plötzlich zu Zehntausenden aufmarschierten, geht es um mehr als nur um ein paar Bäume im Gezi-Park. Sie wollen auch keine Moschee am Platz, sie wollen überhaupt vieles nicht, was Ministerpräsident Erdoğan ihnen zumutet. Er will den Alkoholverkauf einschränken, will vorschreiben, wie viele Kinder ein türkisches Paar zu haben hat, ab wann Mann und Frau zusammenwohnen und wo sie sich nicht küssen dürfen. So wurde der Gezi-Park zum Symbol für den Kampf gegen religiös verbrämte, staatliche Eingriffe ins Privatleben. Der maskierte Demonstrant verteidigt letztlich die Interessen des Citoyens. Es geht um die Frage, wohin Istanbul, wohin das ganze Land steuert. Entschieden ist der Kampf noch nicht. Derzeit hat die Regierung einen Rückzieher gemacht. Sie ist in einen riesigen Korruptionsskandal verstrickt. Da kann sie eine neue Front auf dem Taksim-Platz nicht brauchen.

Im Herbst 2013 war es ruhig im Gezi-Park. Einige Bäume waren weg, andere zeigten noch einen Stummel, wieder andere standen noch unversehrt. Es gibt schönere Parks, aber nicht in dieser zentralen Lage. Junge Leute liegen auf der Wiese und genießen das schöne Wetter. 200 Meter entfernt stehen die Wasserwerfer einsatzbereit.

Adresse Taksim Meydanı, Taksim | **ÖPNV** Metro M 2, Haltestelle Taksim; Untergrund-Drahtseilbahn Taksim–Kabataş, obere Haltestelle | **Tipp** Café Gezi: am Platz, Kaffee, Kuchen und andere Leckereien.

39__Das Goethe-Institut
Wo Türken Deutsch büffeln und gut essen

Trifft man in Istanbul auf Türken, die gut Deutsch sprechen, so handelt es sich oft um Absolventen des »İstanbul Lisesi«, wie das frühere Knabengymnasium in Cağaloğlu heute heißt, oder des österreichischen St.-Georg-Kollegs in Karaköy. Beide Schulen pflegen seit dem 19. Jahrhundert einen intensiven Deutschunterricht mit deutschsprachigen Lehrkräften. Die Alumni (Absolventen) des İstanbul Lisesi und des St. Georg-Kollegs sind die gemeinsamen Besitzer eines Gebäudes in bester Lage in Beyoğlu, in dem heute das Goethe-Institut seinem Auftrag nachkommt, deutsche Kultur und Sprache zu vermitteln und über das Leben in Deutschland zu informieren.

Haupttätigkeit des Goethe-Instituts sind Deutschkurse, das Angebot ist breit gefächert: Deutsch für Kinder ab zehn Jahren, für Schüler und Studenten, aber auch spezielle Sprachkurse für Mediziner. Herz des Instituts ist eine stattliche Bibliothek, in der die Studenten Bücher ausleihen, onleihen oder vor Ort konsultieren. Interessant für den Durchreisenden oder Kurzaufenthalter ist die Leseecke: Im Regal stehen rund drei Dutzend deutsche Magazine zur Verfügung, in denen er nach Belieben schmökern kann, sofern er die Bibliotheksruhe respektiert: Spiegel, Stern, Geo, Psychologie Heute, Brigitte …

Weitere Mieter des deutschen Hauses sind neben der Konrad-Adenauer-Stiftung zwei Restaurants. Im Keller ist die Weinstube »Sarı Siyah« (gelb und schwarz, die Farben des İstanbul Lisesi) eingerichtet, wo man abends zu Livemusik essen und trinken kann. Doch unsere Vorliebe gilt dem »Litera« auf dem Dach. Hier speist man nicht billig, aber vorzüglich und genießt dabei die wunderbare Aussicht auf den Palasthügel mit der Hagia Sophia, der Blauen Moschee und der Süleymaniye-Moschee. Einzig auf die Dächer des nahen Stadtteils Karaköy sieht man nicht. Wie so oft in Istanbul gibt's einen Nachbarn, der noch höher gebaut hat.

Adresse Yeniçarşı Cad. 32, Galatasaray-Beyoğlu | **ÖPNV** Metro M 2, Haltestelle Şişhane oder Taksim; Tünel-Bahn, obere Haltestelle; Untergrund-Drahtseilbahn Taksim–Kabataş, obere Haltestelle | **Öffnungszeiten** Bibliothek: Mi–Fr 13–19 Uhr, Sa 12–17 Uhr | **Tipp** Buchhandlung Gon: Direkt neben dem Goethe-Institut befindet sich einer der wenigen auf Comics spezialisierten Läden der Stadt.

40__Das Griechische Waisenhaus

Europas größte Holzhütte

Im Sommer 2008 fällte in Straßburg der Europäische Gerichtshof für Menschenrechte ein Urteil, das Istanbuls griechische Gemeinde aufhorchen ließ: Er gab einer Beschwerde des ökumenischen Patriarchen recht, der von der türkischen Regierung die Eigentumsrechte auf das ehemalige griechische Waisenhaus auf Büyükada zurückforderte.

Das Objekt, über das in Straßburg geurteilt wurde, finden wir auf dem kleineren der beiden Hügel der Insel. Beim »Lunapark«, wo sich alle Wege mitten im Grünen treffen, wählt man die Adalar Caddesi oder, schöner noch, man geht einfach quer durch den Wald hoch. Nach zehn Minuten steht man vor dem ehemaligen griechischen Waisenhaus, dem größten Holzbau Europas. Auch in verfallenem Zustand ist der Bau noch imposant.

Alexandre Vallaury, dessen Werken man in Istanbul öfter begegnet, baute hier 1898 bis 1899 im Auftrag eines französischen Unternehmens ein Hotel. Bürokraten gab es auch schon im Osmanischen Reich: Die Franzosen erhielten keine Betriebserlaubnis, 1902 verkauften sie den Holzbau dem Ökumenischen Patriarchat. Dieses wiederum übertrug ein Jahr später die Nutzungsrechte der »Stiftung griechisches Waisenhaus für Knaben in Büyükada«, womit zum ersten Mal Leben in den Holzpalast kam. Während des Ersten Weltkriegs zog eine Kadettenschule hier ein, später fanden griechische Emigranten Zuflucht. Im Jahr 1964 ließen die türkischen Behörden das Haus evakuieren und entzogen mittels juristischer Finten dem Patriarchat das Eigentum. Seither steht Europas größtes Holzhaus leer und verfällt.

Die Zukunft des zurückerstatteten Gebäudes – seit 2010 ist im Katasteramt das Patriarchat wieder als Eigentümer eingetragen – wird derzeit diskutiert. Ein Begegnungszentrum mit Kongresshotel für verschiedene Religionen ist im Gespräch, aber auch andere Vorstellungen zirkulieren. Erst aber müssen die Gelder für die notwendige Restaurierung gefunden werden.

Adresse Adalar Cad., Büyükada | **ÖPNV** Schiff, Anlegestelle Büyükada, dann mit der Kutsche (Fayton) bis Lunapark | **Tipp** Ayayorgi-Kirche: Vom Lunapark führt ein Weg zur griechischen Georgskirche, und darüber, auf dem höchsten Punkt der Insel, liegt ein wunderschöner Landgasthof.

41__Der Gülhane-Park

Vor der Palastmauer eine Oase fürs Volk

Der »Rosenhaus-Park«, wie er in der korrekten Übersetzung heißt, ist seit über hundert Jahren öffentlich. Cemil Topuzlu, ein Chirurg mit Ausbildung in Paris, wurde 1912 vom Hof zum Bürgermeister bestallt und erhielt den Auftrag, den historischen Stadtkern zu sanieren. Als Arzt machte sich Topuzlu in erster Linie Sorgen um die hygienischen Zustände. Er führte Lebensmittelkontrollen ein, beschäftigte sich mit Müllabfuhr und Kanalisation, dachte aber auch an das psychische Wohl der Istanbuler und trotzte dem Sultan einen Teil des Palastgeländes ab, um einen Volkspark einzurichten. Einzig religiöse Kreise protestierten gegen die aus dem Westen importierte Idee. Sie wollten ihre verschleierten Frauen nicht lüsternen Männerblicken aussetzen, und so wurden in den ersten Jahren des Gülhane-Parks Männer- und Frauentage eingeführt.

Im Laufe des 20. Jahrhunderts wurde der Park zunehmend vernachlässigt. Zeitweise war hier ein jämmerlicher Zoo untergebracht. Zu den Hauptattraktionen zählte neben einem europäischen Schwein ein auf engstem Raum eingesperrter Löwe. Noch bevor Tierschützer eine artgerechte Tierhaltung anmahnten, wurde der Zoo wieder abgerissen.

Seit einer umfassenden Restaurierung 2003 präsentiert sich der Gülhane-Park wieder so, dass Dr. Topuzlu seine Freude daran hätte: eine gepflegte Grünanlage mit Blumen und Bäumen, ein Teehaus und Spazierwege. An Wochenenden ist er ein idealer Ort für einen Familienausflug. Man sieht junge Leute auf den Wiesen liegen, Paare spazieren Hand in Hand, Männer- und Frauentage gehören einer weiten Vergangenheit an – oder einer nahen Zukunft, wie einige befürchten. Vorfälle, in denen öffentliches Küssen Anlass zu Handgreiflichkeiten gab, als handle es sich um Sex in der Öffentlichkeit, häuften sich in jüngster Zeit. Für uns sind eher die vielen Polyester-Eichhörnchen am Wegrand ein öffentliches Ärgernis – Gartenzwergkitsch.

Adresse Gülhane Parkı, Sultanahmet | **ÖPNV** Tram T 1, Haltestelle Gülhane | **Tipp** Café Beltur: ein altes, geräumiges Kaffeehaus mit nostalgischem Einschlag (Taya Hatun Cad. 1–9).

42_ Güllüoğlu

Süß wie die Sünde

Baklava, das süße, rautenförmige Gebäck aus hauchdünnem Blätterteig, Nüssen und Pistazien ist als Nachspeise im ganzen Orient bekannt. Das Urheberrecht ist umstritten, vielleicht waren Armenier die Erfinder, aber auch Perser, Griechen, Kaukasier und nomadisierende Turkvölker stehen zur Debatte. In Istanbul geht man nach dem Essen im Restaurant gern noch beim Baklavacı vorbei und verdrückt dort zu einer Tasse starkem Kaffee ein paar Baklavas. Produziert und meist gleich vor Ort angeboten wird die Süßigkeit in unzähligen Kleinbetrieben. Daneben gibt es auch ein paar Großproduzenten, unter denen Güllüoğlu die unbestrittene Nummer eins ist.

Das Unternehmen hat eine Familientradition, die bis 1820 zurückreicht. Über ein Jahrhundert lang produzierten die Güllüoğlu im ostanatolischen Gaziantep, wo die besten türkischen Pistazien herkommen. Erst 1949 eröffneten sie in Istanbul einen Laden und 1966 ganz in der Nähe eine Fabrik, in der heute täglich 2,5 Tonnen Baklava gebacken werden. Nadir Güllü, der heute das Unternehmen leitet, sorgt dafür, dass neben der Quantität auch die Qualität stimmt. Gesüßt wird mit purem Dattelsaft, dem Nelken, Zimt und Orangenschalen beigemischt werden. Das genaue Rezept ist patentiert und wird gehütet wie das Geheimnis von Coca Cola.

Das Geschäft von Güllüoğlu in Karaköy ist nicht nur der beste Baklavaladen von ganz Istanbul, sondern auch der größte. Stets voller Kunden, die Verkäufer und Verkäuferinnen arbeiten flink, lange warten muss man nicht. Andernfalls schaut man, was sonst noch alles im Angebot ist: Kadayıf (Engelshaar), Turkish Delight (fein bestäubtes Lokum) in allen Farben und andere Zuckerbäckerwaren mehr. Für die ganze Palette an Produkten gilt: süß wie die Sünde.

Unweit des Hauptladens ist die Fabrik von Güllüoğlu. In den oberen Etagen wird produziert und verpackt, im Erdgeschoss an die Laufkundschaft verkauft.

Adresse Verkaufsladen: Rıhtım Cad., Karaköy | **ÖPNV** Tram T 1, Haltestelle Karaköy; Schiff, Anlegestelle Karaköy | **Tipp** Galatabrücke: Vom Trubel Karaköys ruht man sich am besten beim Tee unter der Galatabrücke aus. Dem Schiffsverkehr zuschauen, ab und zu fliegt ein Fisch vor den Augen in die Höhe, denn oben stehen die Angler.

43 Hacı Abdullah Lokantası

Der Tempel der osmanischen Küche

Im Osmanischen Reich beschränkte sich die öffentliche Esskultur mehr oder weniger auf Schnellküchen und Straßenverkäufer. Ein gutes türkisches Essen verlangt viel Vorbereitungszeit, in besseren Kreisen wurde zu Hause gekocht und gegessen. Hatte der Sultan Besuch, so trommelte sein Chefkoch die Angestellten zusammen, die Gäste wurden im Palast bewirtet.

Im Jahr 1888 brach Sultan Abdülhamid II. mit dieser Tradition. Er beauftragte einen seiner besten Köche, am Kai von Karaköy ein Restaurant zu eröffnen, in das er seine Gäste schicken konnte, wenn er sie nicht im Dolmabahçe-Palast sehen wollte. Also übte Hacı Abdullah sein Metier fortan in Karaköy aus, später zog sein Nachfolger mitsamt Küchenpersonal nach Beyoğlu um. Die Spur, die vom Koch des Sultans zum heutigen Lokal führt, folgt nicht der traditionellen Vererbung innerhalb der Familie, vielmehr überantwortete der Chef, wenn er sich altersbedingt zurückzog, das Lokal seinem besten Angestellten, und der neue Chef hielt es im Alter ebenso. Ein solches System ist der beste Garant für die Wahrung der kulinarischen Tradition. Abdullah Korun, der heute das Zepter in der osmanischen Küche führt, ist 66 Jahre alt. Vermutlich denkt er schon darüber nach, welchem seiner Köche er das Lokal dereinst übergeben wird.

Die Küche ist ausgezeichnet, die Auswahl groß. Die Speisen werden frisch zubereitet und von aufmerksamen, leise auftretenden Kellnern aufgetragen. Das Restaurant ist alkoholfrei, Rakı-Trinker haben also das Nachsehen. Das Interieur der drei Speisesäle ist im osmanischen Stil gestaltet, mit Exponaten hinter Glas, deren Originale im Museum des Topkapı-Palastes zu finden sind. Und schließlich schauen wir uns in der oberen Etage um, die leider für Familientreffen und Geschäftsfeiern reserviert ist. Dort fällt das Licht durch eine prächtige Glaskuppel in den Raum. Wir sind im Tempel der osmanischen Küche.

Adresse Atıf Yılmaz Cad. 9/A, Taksim | **ÖPNV** Metro M 2, Haltestelle Taksim; Untergrund-Drahtseilbahn Taksim–Kabataş, obere Haltestelle | **Tipp** Im benachbarten Einkaufszentrum Demirören shoppen gehen (Istiklal Cad. 54).

44__Hacı Bekir

Sultans Bonbonnier

Lokum findet man in Istanbul überall, oft auch unter dem Namen Turkish Delight, weil ein früher englischer Tourist den Namen der in Istanbul eingekauften Süßigkeit vergessen hatte. Die Ursprünge verlieren sich irgendwo im Orient, in seiner heutigen Form soll Hacı Bekir das Lokum erfunden und in Istanbul eingeführt haben. Wer sich in seinem Laden umsieht, ist ohne Weiteres bereit, die Geschichte zu glauben.

Hacı Bekir kam aus der Schwarzmeerregion nach Istanbul und eröffnete 1777 in Eminönü eine Confiserie, in der er sein Lokum verkaufte. Irgendwie geriet ein Exemplar in den nahen Sultanspalast, dort auf die verwöhnte Zunge des Herrschers, und fortan durfte sich Hacı Bekir Chefconfiseur am Hof des Sultans nennen. Später übernahm sein Sohn das Geschäft, dann stieg dessen Sohn ein und so weiter bis heute. Der wievielten Generation der heutige Chef angehört, weiß er selbst nicht so genau. Jedenfalls ist er ein Nachfahre des legendären Hacı Bekir.

Istanbuler sind sich einig, dass das beste Lokum das von Hacı Bekir ist. Die Zentrale ist längst in Beyoğlu, ein heller Verkaufsraum mit Glasfront, wo die Touristen einkaufen. Aber das alte Geschäft – inzwischen ist auf der anderen Seite der Gasse ein zweites dazugekommen – ist für den Connaisseur immer noch die erste Adresse. Man wähnt sich in einer alten Apotheke, und der freundliche Herr, der sich nach den Wünschen erkundigt, könnte geradeso gut auch ein Apotheker sein. Alte Fotos hängen an den Wänden und erinnern an Zeiten, in denen noch von Pferden gezogene Trams vor Hacı Bekirs Geschäft hielten.

Wer dem Lokum und den anderen nicht minder süßen Produkten von Hacı Bekir nichts abgewinnen kann, hält sich an die Theke und bestellt dort eine Spezialität, die man in Istanbul nur noch sehr selten findet: Demirhindi. Basis ist ein indischer Dattelbaum, der Rest bleibt Geheimnis – der Trunk ist sehr erfrischend.

Adresse Hamidiye Cad. 31, Eminönü | **ÖPNV** Tram T 1, Haltestelle Sirkeci; Schiff, Anlegestelle Eminönü | **Tipp** Bahnhof Sirkeci: Die Endstation des legendären Orient-express beherbergt ein kleines Gratismuseum, ein Sammelsurium zur Geschichte der türkischen Eisenbahn, daneben ein wahrhaft musealer Wartesaal.

45__Halide Edip Adıvar

Hommage an eine streitbare Frau

Ein bescheidenes Denkmal für eine ungewöhnliche Frau – Tausende von Touristen gehen täglich an ihm vorbei, ohne es eines Blickes zu würdigen. Die Frau mit der auffallend großen Brille stand am 23. Mai 1919 exakt an dieser Stelle und hielt eine flammende Rede gegen die Besatzung Istanbuls und ganz Anatoliens. Manchem frommem Moslem und vermutlich auch einigen, die durchaus ihre Meinung teilten, dürfte nicht ganz wohl gewesen sein. Eine Frau, die öffentliche Reden hält, war damals ein ungewohntes Bild, für viele eine Provokation.

Die 1884 in Istanbul geborene Halide Edip Adıvar hat eine bewegte Biografie. Aus einer wohlhabenden Familie stammend, besuchte sie das »American College for Girls«, wurde Lehrerin, Schriftstellerin, Leiterin eines Waisenhauses, Universitätsprofessorin und mehr. Bekannt ist sie vor allem als Kämpferin für die Republik. Sie stand den Jungtürken nahe und war eine der frühen Mitstreiterinnen Atatürks. In der Entscheidungsschlacht gegen die Griechen 1922 sah man sie an vorderster Front. Nach der Ausrufung der Republik 1923 allerdings überwarf sie sich mit Atatürk und gründete mit anderen eine Oppositionspartei, die zwei Jahre später verboten wurde. Halide Edip ging ins Exil – England, Frankreich, USA, Indien – und kam erst nach Atatürks Tod in die Türkei zurück, wo sie ab 1939 an der neu gegründeten Universität lehrte. Sie starb 1964 in Istanbul.

Auch wenn sie in erster Linie nicht für die Rechte der Frau kämpfte, sondern als glühende Nationalistin für die Republik, zählen heute türkische Frauenrechtlerinnen Halide Edip Adıvar zu ihren Vorkämpferinnen. Das Denkmal wurde vom 1924 gegründeten Türkischen Frauenverband gestiftet. Dessen Vorgänger war die 1923 ausgerufene »Volkspartei der Frauen«, die wie Halide Edips Oppositionspartei verboten wurde. Ein Mehrparteiensystem vertrug die junge Republik noch nicht.

Adresse Divan Yolu., Sultanahmet | **ÖPNV** Tram T 1, Haltestelle Sultanahmet | **Tipp** Yerebatan-Zisterne: Das großartige Wasserdepot wäre auch ohne James Bonds »Liebesgrüße aus Moskau« zum Tourismusmagneten geworden (Yerebatan Cad. 13).

46 Der Haydarpaşa-Bahnhof
Männerfreunde planen Großes

Kaiser Wilhelm II. und Sultan Abdülhamid II. verband eine Männerfreundschaft. Bei Politikern heißt das in der Regel, dass man schulterklopfend Einigkeit demonstriert und gleichzeitig die jeweils eigenen Ziele verfolgt. Größtes Symbol der deutsch-türkischen Verbundenheit in Istanbul ist der Haydarpaşa-Bahnhof. Die Deutschen stellten die Gelder, Architekten und Ingenieure zur Verfügung, die Türken das Gros der Arbeiter. Wo heute der Bahnhof steht, war damals noch Bosporuswasser. Ein Deich wurde aufgeschüttet, die Reisenden sollten vom Schiff direkt an den Bahnhof fahren können. Im August 1908 wurde mit viel Pomp ein riesiger Bau eröffnet, dessen neoklassizistische Fassade jedem ins Auge sticht, der von Europa mit dem Schiff über den Bosporus nach Kadıköy fährt.

Abdülhamid II. träumte von einer Verbindung durch sein Riesenreich bis Mekka, Wilhelm II. schielte nach Mesopotamien als neuem Wirtschaftsraum, die Bagdadbahn – erst 1940 fertiggestellt – als Fortsetzung der Anatolischen Eisenbahn von Istanbul nach Konya war in aller Munde. Der Sultan wurde bereits ein Jahr nach der Eröffnung des Bahnhofs Haydarpaşa vom Thron gefegt, der Kaiser dankte nach dem verlorenen Ersten Weltkrieg ab, geblieben ist der riesige Bahnhof.

In der zweiten Hälfte des 20. Jahrhunderts war der Bahnhof von Haydarpaşa bekannt dafür, dass mit jedem einfahrenden Zug Hunderte von Menschen aus Anatolien in Istanbul ankamen, mit Sack und Pack und Hoffnung auf ein besseres Leben; sie leiteten eine rasante demografische Entwicklung ein. Heute kommt keine Menschenseele mehr am Bahnhof an. Die neue Marmaray, die dereinst den Hochgeschwindigkeitsanschluss an Ankara garantieren soll, fährt schnöde am wilhelminischen Prunkbau vorbei. Geplant sind der Umbau zum Luxushotel, ein Einkaufszentrum und ein Museum, in dessen Eingangshalle der Besucher wohl auf die Konterfeis der beiden alten Männerfreunde stoßen dürfte.

Adresse Haydarpaşa | **ÖPNV** Schiff, Anlegestelle Haydarpaşa | **Tipp** Restaurant Mythos: türkisch-griechische Weinstube mit Flair im Bahnhof.

47_ Hekimbaşı Yalısı

Rot wie Ochsenblut und in bester Lage am Bosporus

Offiziell heißt das rote Haus, das jedem auffällt, der eine Bosporustour auf dem Wasser unternimmt, »Hekimbaşı Salih Efendi Yalısı«. Ein »Yalı« ist eine Sommerresidenz am Bosporus, mit Front zum Wasser und eigener Anlegestelle und lässt stets auf honorable Leute schließen.

Ein »Hekimbaşı« ist im heutigen Sprachgebrauch ein Oberarzt. Salih Efendi, geboren 1816, war Hofarzt unter Sultan Abdülmecid I., später Medizinprofessor, Spezialität Phytotherapie, und Verfasser mehrerer Lehrbücher, die er auf Französisch schrieb und selber ins Türkische übersetzte. Der verdiente Mann bekam das Grundstück vom Sultan als imperiale Schenkung. Die blutrote Farbe weist das Yalı als Wohnsitz eines hohen Beamten aus.

Das Hekimbaşı Yalısı wird noch heute von den Nachfahren des Hofarztes bewohnt und kann nach Voranmeldung besucht werden. Eigentlich steht heute nur noch ein halbes Yalı, nämlich die Frauenseite. Nach dem Tod von Salih Efendi wurde das Erbe zweigeteilt und die Männerseite abgerissen. Auch nicht mehr erhalten ist das Kräutergärtchen des pflanzenkundigen Mediziners. Empfangen wird der Besucher von zwei freundlichen Damen, die beide auch Deutsch sprechen – zwei Schwestern, Urenkelinnen von Salih Efendi. Das Yalı ist im originalen Zustand belassen, einzige Ausnahme ist die Neubefestigung des Piers, auf den es abgestützt ist. Zu sehen sind im Erdgeschoss ein gepflegtes, altes Bad (Hamam), in das der Dampf wie zu Sultans Zeiten aus Löchern an den Wänden einströmt, die Küche (früher Harem) und das Brautzimmer, in dem die Frischvermählte ihre erste Nacht – aber nur diese – verbrachte, in der oberen Etage ein Empfangszimmer, heute gelegentlich für Konzerte verwendet. Das Mobiliar ist original, aus Wien, Ostanatolien und Syrien. Erinnerungsfotos, medizinisches Besteck und mehr – zu allem liefern die beiden Damen mit herzerfrischender Ironie eine Geschichte.

Adresse Körfez Cad. 53, Kanlıca, Tel. 0216 / 4622522, info@yaliorganizasyon.com | ÖPNV
Schiff, Anlegestelle Anadolu Hisarı, dann noch zehn Minuten zu Fuß | **Tipp** Im nächsten
Ort, Kanlıca, im Café gleich neben der Anlegestelle ein Kanlıca-Joghurt essen, auf Wunsch
mit Puderzuckerhaube drauf.

48 İbrahim Müteferrika

Der osmanische Gutenberg

Im Sahaflar Çarşısı (Altbüchermarkt) am oberen Ausgang des Großen Basars werden seit dem 15. Jahrhundert antiquarische Bücher gehandelt. Heute haben sich dort rund zwei Dutzend Verkäufer eingerichtet. Was auf den ersten Blick eine Verlockung ist, erweist sich jedoch schnell als Enttäuschung. Der Bücherbasar ist nicht mehr, was er einmal war. Die Vorstellung, auf Regale mit alten Büchern zu stoßen, in denen man stöbern könnte, wird vom Angebot rasch korrigiert: Lehrmittel, Notizhefte, Kinderbücher und immer wieder der Koran. Eine Ausnahme bildet einzig Elif (Nummer 4): Bücher von oben bis unten – auch französische, englische und deutsche Titel – und ein kompetenter Antiquar.

Über die vielen Korane hätte İbrahim Müteferrika (circa 1670 bis 1745), dessen bronzene Büste am oberen Ausgang des Büchermarkts steht, sich bestimmt gewundert. Der Mann mit dem strengen, abweisenden Blick führte im Osmanischen Reich den Buchdruck ein. Den Koran zu drucken war damals verboten. Kaum lief in Mainz bei Johannes Gutenberg die erste Druckerpresse, da erließ 1485 Sultan Beyazıt II. ein Verbot für den Druck in arabischen Lettern. Die neue Technik war westliches Teufelszeug, sie hätte das heilige Buch entweihen können. Zudem wären Zehntausende von Kopisten arbeitslos geworden. Aufgehoben wurde das Verbot 1727, für religiöse Werke galt es allerdings weiterhin. Da hatten in Europa Descartes und Leibniz ihre philosophischen und naturwissenschaftlichen Schriften schon längst in Umlauf gebracht – gedruckt natürlich. In der Wissenschaft war die islamische Welt ins Hintertreffen geraten.

1729 lief bei İbrahim Müteferrika die Druckerpresse an. Er war ein vielseitiger Mann, beherrschte mehrere Sprachen und schrieb selbst Bücher. Er druckte Wörterbücher, von ihm übersetzte Abhandlungen und eigene Bücher, darunter sein Hauptwerk, in dem er sich über eine neue Gesellschaftsordnung Gedanken macht.

Adresse Çadırcılar Cad., Beyazıt | **ÖPNV** Tram T 1, Haltestelle Beyazıt | **Tipp** Finger-übungen: Gleich ums Eck ist ein Gebetskettenmarkt.

49 Die İç-Kalpakçı-Gasse

Farbenfrohe Sackgasse

Samatya ist seit Jahrhunderten das Viertel der Armenier, auch wenn in jüngster Zeit viele von ihnen in andere Stadtteile umgezogen sind. Neben einigen oft verschlossenen armenischen Kirchen findet man auch solche der griechischen Minderheit, von der ebenfalls ein Teil in Samatya ansässig ist.

Im Zentrum Samatyas findet man einen renovierten Hauptplatz, der etwas kleinstädtische Beschaulichkeit verströmt. Etwas weiter unten verläuft an der Bahnlinie entlang die İç-Kalpakçı-Gasse, was man zu »Innere Fellmützenmachergasse« eindeutschen könnte. Der Kalpak wärmte einst die Köpfe der osmanischen Offiziere und wurde später auch zivil getragen, bis Atatürk ihn 1925 verbot und den Türken per Gesetz den europäischen Hut verordnete. Spätestens damals dürften die letzten Werkstätten der Fellmützenmacher dichtgemacht haben, einzig der Name der Gasse erinnert noch an sie.

Kaum ein Fremder kommt in diese Gasse, die dem Grau der sich modernisierenden Großstadt mit ihren Farbtupfern trotzt. Die Menschen sind eher arm als reich, die Häuser nicht im besten Zustand, wirken aber mit ihren Farben fröhlich, über der Straße hängt viel Wäsche, auch diese in allen Farben. Vom Bahndamm sprießt Grün in die Gasse hinein, in den Fenstern stehen Blumen, und ab und zu pfeift in einem Käfig ein Wellensittich, auf der Straße spielen Kinder, und an den Eingängen schwatzen die Mütter. Je tiefer man in die İç-Kalpakçı-Gasse vordringt, desto mehr gewinnt man den Eindruck, dass hier noch so etwas wie nachbarschaftliche Harmonie gelebt wird. Und plötzlich steht der Spaziergänger am Ende der Gasse – Sackgasse, umkehren. Oben am Bahndamm wird gebaut, modernisiert. Mit der neuen Marmaray hat die Eisenbahnlinie an der Küste an Bedeutung gewonnen. Es steht zu befürchten, dass auch die İç-Kalpakçı-Gasse der Modernisierung zum Opfer fällt und das bunte Leben abrupt ein Ende nimmt – Sackgasse.

Adresse İç Kalpakçı Sokağı, Samatya | **ÖPNV** Vorortsbahn Sirkeci – Halkalı, Haltestelle K.M. Paşa | **Tipp** Restaurant Develi: Samatyas bestes Kebap-Lokal (Gümüşyüzük Sok. 7).

50 Das Istanbul Culinary Institute

Den Kochlöffel selber schwingen

Am Eingang hängt das gerahmte Porträt von Marcella Hazan. Die 2013 verstorbene Italienerin emigrierte einst nach New York, erlebte dort einen bösen kulinarischen Schock und brachte schließlich den Amerikanern die Feinheiten der italienischen Küche bei. Sie unterrichtete angehende Meisterköche und schrieb zahlreiche Kochbücher.

Die Hommage an Marcella Hazan hat programmatischen Charakter. Das kulinarische Institut in Beyoğlu hat sich zum Ziel gesetzt, die raffinierte türkische Küche besser in den Köpfen der Köche zu verankern. In einem praktischen und theoretischen Lehrgang bekommen ausgebildete Küchenmeister eine Zusatzausbildung, die vom korrekten Tranchieren eines Fisches bis zum Führen eines Restaurants reicht. Im institutseigenen Restaurant im Erdgeschoss zeigen die Kochstudenten, was sie gelernt haben. Das Menu wechselt täglich. Auf saisonale Küche wird Wert gelegt, ebenso auf biologische Produkte. Im Weinsortiment finden sich gute türkische und italienische Tropfen, zur Abrundung des guten Essens stehen neben türkischem Kaffee ein Dutzend Teesorten zur Auswahl.

Damit nicht genmanipulierte oder chemisch gespritzte Ware in die Küche kommt, betreibt das Institut seit einiger Zeit ein eigenes landwirtschaftliches Gut an der Ägäisküste. Was dort angebaut wird, wandert hier direkt in die Küche oder findet den Weg ins Verkaufsregal: eingelegte Paprikaschoten, Apfelmus, diverse Marmeladen, hauseigene Tomatensauce und mehr.

Das Institut bildet nicht nur professionelle Köche aus, sondern bietet auch dreistündige Kurse für alle Liebhaber der türkischen und mediterranen Küche an, die den Kochlöffel selber schwingen wollen. Das Lehrpersonal ist professionell, die Themen reichen von der Zubereitung leckerer Vorspeisen über den richtigen Umgang mit Huhn und Lamm bis zum süßen Nachtisch. Das Programm liegt aus.

Adresse Meşrutiyet Cad. 59, Tepebaşı-Beyoğlu | **ÖPNV** Tünel-Bahn, obere Haltestelle;
Metro M 2, Haltestelle Şişhane | **Tipp** Hotel Pera Palas: Das berühmte Hotel, in dem
Agatha Christie den »Mord im Orient-Express« schrieb, verströmt Nostalgie. Die Bar
ist auch für Nichtgäste geöffnet (Meşrutiyet Cad. 52).

51 İstanbul Lisesi

Ein bankrotter Staat und eine exzellente Schule

Es ist schon ein Luxus, in dieser zentralen Lage eine Schule von solchen Dimensionen zu bauen, denkt der Spaziergänger angesichts des langen zweistöckigen Baus – einer Mischung aus Beaux-Arts- und osmanischer Architektur. Der Luxus beruht in diesem Fall auf einem Bankrott.

Im Jahr 1875 war das Osmanische Reich pleite, im Folgejahr erklärte es offiziell den Staatsbankrott. Der Sultan war den Gläubigermächten finanziell ausgeliefert, in erster Linie England und Frankreich, die zum Zweck der Schuldeneintreibung die »Osmanische Staatsschuldenverwaltung« ins Leben riefen. Diese ließ sich ein repräsentatives Gebäude bauen, in dem ein internationales Bankenkonsortium dafür sorgte, dass ein Großteil der Steuern direkt an die Schuldenverwaltung eingezahlt wurde. Knapp 9000 Personen arbeiteten in der britisch-französisch dirigierten Institution, mehr als im osmanischen Finanzministerium. 1929 zog die Schuldenverwaltung nach Paris um, das riesige Gebäude stand leer, und Atatürk sprach es der bereits im 19. Jahrhundert gegründeten Schule zu. So kam das İstanbul Lisesi zu seinem heutigen Domizil.

Früher war die Schule als »İstanbul Erkek Lisesi« (Knabengymnasium Istanbul) bekannt. Seit 1964 werden auch Mädchen aufgenommen, seit 1985 ist der geschlechtergetrennte Unterricht aufgehoben. Die Schule arbeitete schon früher mit deutschsprachigen Lehrern und nahm diese Tradition nach einem türkisch-deutschen Kulturabkommen 1958 wieder auf. Außer in den Fächern Geschichte und Geografie wird auf Deutsch unterrichtet. Das setzt einen guten Deutschunterricht voraus, der zwischen Konjunktiv I und Konjunktiv II zu unterscheiden weiß. Ein großer Teil des Lehrkörpers kommt aus Deutschland und wird auch von Deutschland bezahlt. Das İstanbul Lisesi genießt einen exzellenten Ruf, immerhin zählen zu seinen Absolventen zwei türkische Ministerpräsidenten und der Fotograf des vorliegenden Buches.

Adresse Türk Ocağı Cad. 4, Cağaloğlu | **ÖPNV** T 1, Haltestelle Sirkeci, Gülhane oder Cemberlitaş, und jeweils zehn Minuten zu Fuß | **Tipp** Gegenüber dem Portal ist die Celal-Ferdi-Gökçay-Gasse. Nach dem Prinzip einmal links, einmal rechts kommt man durch enge Gassen voller Strickmaschinengeratter irgendwann zum Großen Basar.

52___İstanbul Modern

Kunstgenuss am Bosporus

Kunstförderung ist in der Türkei in erster Linie privaten Geldgebern überlassen, die Behörden sind schon mit der Erhaltung der historischen Kulturdenkmäler überfordert. Wer sich mit den Relikten einer zweitausendjährigen Kulturgeschichte herumschlagen muss, mag sich nicht noch um Kunst und Kultur der Gegenwart kümmern. Also überlässt man dieses Feld noch so gerne den Holdings und Banken, die mit modernen Museen und Galerien ihren Ruf aufpolieren. Im europäischen Kunstbetrieb hat die 1987 ins Leben gerufene »Istanbul Biennale« mittlerweile ihren festen Platz erobert. Organisiert wird sie von der »Istanbul Foundation for Culture and Arts«, deren Hauptsponsor die Eczacıbaşı-Holding ist, ein Unternehmen, das seine ersten Milliarden in der Pharmaindustrie erwirtschaftete. Dieselbe Holding war auch federführend bei der Gründung von Istanbuls Museum für Gegenwartskunst, das 2004 unter dem nüchternen Namen »İstanbul Modern« eröffnete.

Untergebracht ist das Museum in einem ehemaligen Lagerhaus am Pier von Tophane, das mit großem Aufwand für den neuen Zweck umgebaut wurde: 8.000 Quadratmeter Ausstellungsfläche erlauben eine Ausstellungstechnik, die große Formate ebenso zur Geltung bringt wie Video-Installationen. Nebst türkischen Vertretern der Gegenwartskunst sind auch Werke westeuropäischer Künstler zu sehen: Deutschland ist mit dem Fotokünstler Thomas Ruff vertreten, England mit Julian Opie, Spezialist für LED-Kunst und Computeranimation. Alles todschick und professionell bis ins Detail, die Beleuchtung stimmt, die Legenden sind zweisprachig (Türkisch / Englisch) – für jeden, der sich für zeitgenössische Kunst interessiert, ganz einfach ein Muss.

Nach dem Kunstgenuss wartet das Museumscafé mit seiner Panorama-Terrasse: Blick auf den Topkapı-Palast, die Hagia Sophia und die Türme der Blauen Moschee zur einen Seite, auf die Bosporus-Brücke zur anderen – phantastisch.

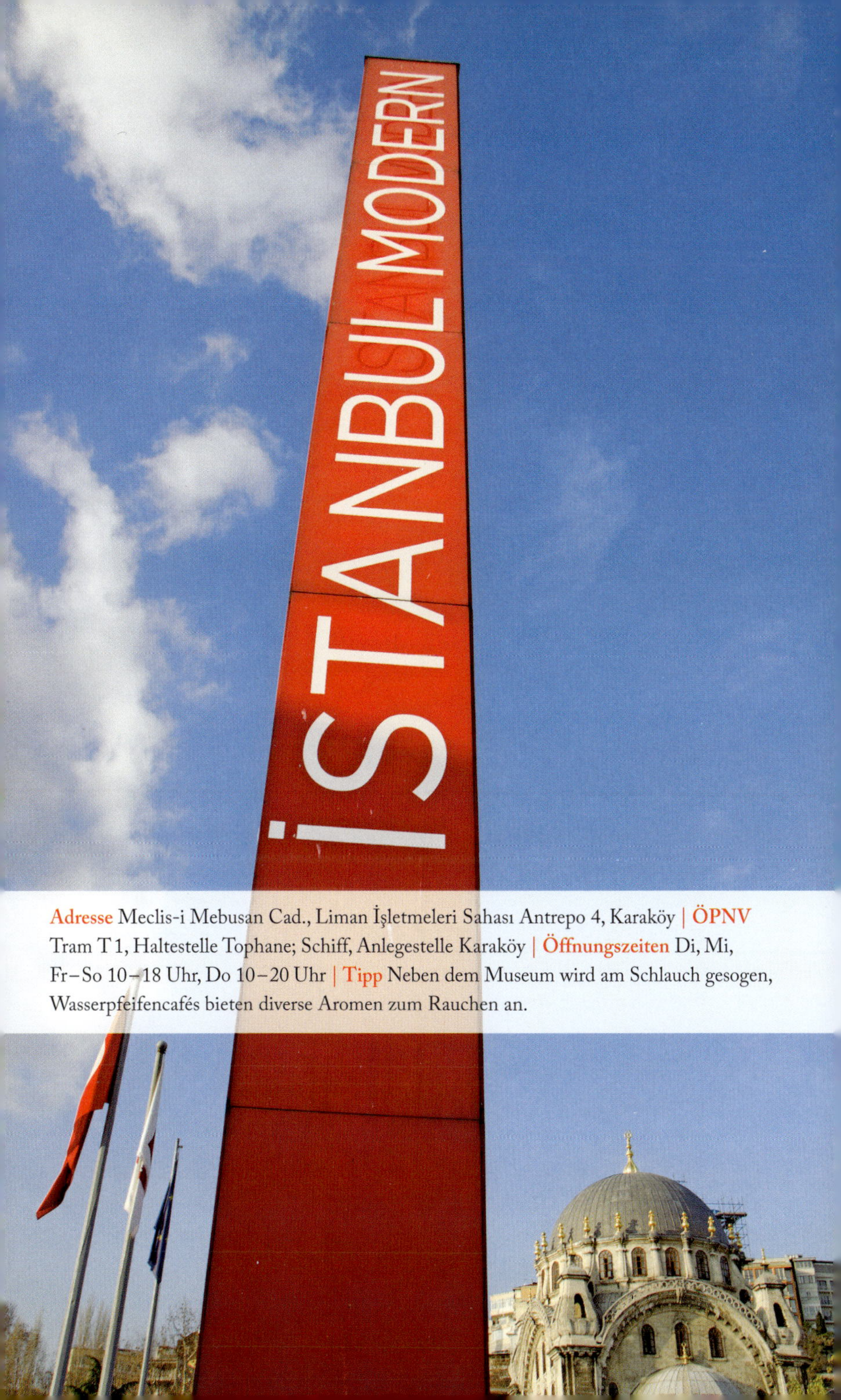

Adresse Meclis-i Mebusan Cad., Liman İşletmeleri Sahası Antrepo 4, Karaköy | **ÖPNV** Tram T 1, Haltestelle Tophane; Schiff, Anlegestelle Karaköy | **Öffnungszeiten** Di, Mi, Fr–So 10–18 Uhr, Do 10–20 Uhr | **Tipp** Neben dem Museum wird am Schlauch gesogen, Wasserpfeifencafés bieten diverse Aromen zum Rauchen an.

53 İstinye-Park
Urban Shopping zwischen Wolkenkratzern

Zwischen den Stadtteilen Maslak und Levent scheint eine stete Konkurrenz zu herrschen, die dazu führt, dass sie sich immer ähnlicher werden. Auf einen Wolkenkratzer dort antwortet man mit einem noch größeren hier. Mittlerweile zeigen beide eine beachtliche Skyline aus Glaspalästen und Business-Türmen. In Sachen Shopping aber hat Maslak eindeutig die Nase vorn, seit hier der İstinye-Park eröffnet wurde.

Die meisten kommen mit dem Taxi oder dem eigenen Auto. In letzterem Fall taucht man erst in eine vierstöckige Tiefgarage ein, oder man drückt die Schlüssel einem uniformierten »Vale« in die Hand, der sich um die Limousine kümmert, und verschwindet direkt im Konsumparadies.

Auf vier Ebenen breiten sich auf über 85.000 Quadratmetern fast 300 Geschäfte aus. Wer nur rasch bei Dior, Gucci, Armani, Hugo Boss oder Louis Vuitton einkaufen will, braucht nicht weit zu gehen, sie befinden sich alle in der Nähe des Haupteingangs. Ausgiebiges Shoppen in der blitzblank gefliesten Welt des Konsums erfordert trotz Rolltreppen und klimatisierter Luft Kondition: Kleider, Schuhe, Kosmetik, Elektronik, Spielwaren … und irgendwo eine Abteilung Türkischer Basar, aus osmanischen Buden zusammengestellt, die so osmanisch wirken wie Maslak byzantinisch – aber das Lebensmittelangebot ist durchaus beachtlich, auch in qualitativer Hinsicht. Im İstinye-Park findet man alles, auch das, was man nicht gesucht hat – und natürlich auch Geldautomaten, die den Konsum ankurbeln. Kinder vergnügen sich auf künstlichen Spielwiesen, Karussellen oder an einem elektronischen Spielgerät. Früher oder später landen auch sie erschöpft in einem komfortablen Sessel eines der vielen Cafés.

In zehn Jahren, so vermuten wir angesichts all der geplanten Istanbuler Shopping Malls, könnte der İstinye-Park alt aussehen. Irgendwo wird bestimmt in noch größerem Maßstab gebaut – vielleicht im benachbarten Levent.

Adresse İstinye Bayırı Cad., Maslak | **ÖPNV** einfacher mit dem Taxi | **Tipp** Ristorante Armani: Gehobene italienische Küche in einem Design, das dem Namen gerecht wird.

54 Das Jüdische Museum

Sepharden gestern und heute

Rund 24.000 Juden leben heute in der Türkei, 90 Prozent von ihnen in Istanbul. Zum größten Teil handelt es sich um Sepharden, Nachfahren von 1492 aus Spanien vertriebenen Juden, die im Osmanischen Reich Zuflucht fanden. Sultan Beyazıt II. gewährte ihnen nicht ganz uneigennützig Asyl: Der osmanische Staat konnte Ärzte, Handwerker und Wissenschaftler gut brauchen. Zum 500-jährigen Jubiläum der Ankunft der spanischen Juden wurde eine Stiftung ins Leben gerufen, die 2001 in der ehemaligen Kal-Kadosch-Galata-Synagoge das Jüdische Museum eröffnete.

Es ist nicht einfach, die komplexe Geschichte der türkischen Juden auf so knappem Raum zusammenzufassen. Dass Juden schon lange vor der Ankunft der Sepharden in Istanbul ansässig waren, wird in der Ausstellung nur am Rande erwähnt.

Gut dokumentiert ist das Wirken der finanzstarken Familie Kamondo, die im 19. Jahrhundert an der Spitze der jüdischen Gemeinde stand, sich stark für Bildung und Soziales einsetzte und als Wirtschaftsmotor wesentlich zur Modernisierung der Stadt beitrug. Das jüdische Istanbul begrüßte mehrheitlich die Atatürk'sche Reformpolitik, auch das wird dokumentiert, ebenso der Beitrag der vor den Nazis geflohenen Juden zum Aufbau der Universitäten von Istanbul und Ankara. Nicht zur Sprache kommt die 1942 eingeführte, astronomisch hohe Vermögenssteuer für Nichtmuslime, mit der die türkische Regierung ihre Finanzen zulasten von Juden und Christen aufbesserte. Das Thema gehört zu den unaufgearbeiteten Kapiteln der türkischen Geschichte, man zieht es vor zu schweigen.

Im Untergeschoss der Synagoge ist eine ethnografische Sammlung eingerichtet: Objekte aus dem jüdischen Alltag werden gezeigt. Ein wächsernes Paar posiert unter der Chuppa, dem Hochzeitsbaldachin, und der Besucher erfährt auch, dass es zu einer traditionellen Beschneidung viel mehr als nur ein Messerchen braucht.

Adresse Perçemli Sok. 1, Karaköy | **ÖPNV** Tram T 1, Haltestelle Karaköy | **Öffnungszeiten** Mo–Do 10–16 Uhr, Fr und So 10–14 Uhr, an jüdischen Feiertagen geschlossen | **Tipp** Fischmarkt: etwas unterhalb. Wer sich die türkischen Namen merkt, kann später im Restaurant souveräner auftreten.

55 Kadınlar Pazarı

Siirt in Istanbul

Auf dem »Frauenmarkt«, wie die Örtlichkeit in der deutschen Übersetzung heißt, werden nicht Frauen verkauft und gekauft. Frauen waren hier vielmehr die Subjekte des Marktgeschehens, kauften Parfum, Lippenstift und Strümpfe. So kam der Markt beim Valens-Aquädukt zu seinem Namen. Die Kundschaft hat sich geändert, heute trifft man beide Geschlechter gleichermaßen auf dem großen rechteckigen Platz, der etwas Grün zeigt und nur von einer einzigen Straße durchschnitten wird.

Viele der Menschen, die an den Ständen stehen und die Ware begutachten, sind eingewanderte Ostanatolier. Die Verkäufer stammen allesamt aus der Provinz Siirt und so auch ein Großteil der Käufer. Siirt liegt weit im Osten der Türkei, Istanbulern ist allenfalls »Siirtspor«, der Fußballclub der Provinzhauptstadt, ein Begriff, ansonsten vermuten sie zu Recht, dass es dort mehr Schafe und Ziegen als Menschen gibt. Entsprechend ist das Angebot: Aus Siirt kommen Schafsköpfe und -füße, Därme und andere Innereien und natürlich auch gutes Lammfleisch, Ayran und Käse verschiedener Reifestadien. Aber auch Tabak, Honig und Seifen aus Siirt gehen über den Ladentisch. Ein kleines Reisebüro am Eck verkauft Bustickets – nach Siirt. Die Siirter sind hier in Istanbul unter sich wie die Türken in Berlin-Kreuzberg. Man kauft, was man kennt, sei es aus Heimweh oder weil man dem heimatlichen Produkt die bessere Qualität zutraut.

Wie die Siirter Küche schmeckt, kann man gleich vor Ort probieren, denn auch die Lokale am Kadınlar Pazarı sind fest in Siirter Hand. Ein gutes Angebot findet man bei İsmet Bahçevan, der seine Tische auf den Platz stellt. Seine Spezialität ist »Büryan Kebabı«, ein Gericht, bei dem das Fleisch – ähnlich wie in der Tandır-Küche – in einer in den Erdboden eingelassenen Backvorrichtung gegart wird. Oder versuchen Sie eine »Bumbar«, eine ringförmige Wurst mit Leber, Hackfleisch und Reis gefüllt.

KUZU BÜRYAN

Adresse İtfaiye Cad., Fatih | **ÖPNV** einfacher mit dem Taxi | **Tipp** Valens-Aquädukt: Man kann ihn auch besteigen, aber Vorsicht: keine Schutzgeländer.

56 __ Kafe Ara

Das Café des Fotografen

»Was man Leben nennt, ist die Geschichte des kleinen Menschen, das Leben der englischen Königin ist keine Scheiße wert.« Ara Güler zeigt nicht viel Respekt für die Royals, umso mehr für den Mann von der Straße. Der 1928 geborene Istanbuler armenischer Abstammung rangiert weltweit unter den besten Fotografen. Er arbeitete für Time-Life, Paris Match und den Stern, hatte Churchill, Monroe und Picasso vor seiner Leica – und blieb doch dem kleinen Mann von der Straße treu. Seit den 1950er Jahren dokumentiert Ara Güler seine Heimatstadt und immer wieder Menschen. Seine Schwarz-Weiß-Bilder aus einer vergangenen Epoche üben auf den Betrachter eine geheimnisvolle, suggestive Kraft aus. Orhan Pamuk, Nobelpreisträger für Literatur, hat sein Buch »Istanbul, Erinnerungen an eine Stadt« mit Fotos von Güler illustriert, er hatte in ihm ein Pendant gefunden – mit dem Unterschied, dass der Fotograf die Istanbuler Straßen schon ablichtete, bevor der Schriftsteller lesen und schreiben konnte.

Wer im Kafe Ara sitzt – man kann dort auch hervorragend frühstücken – ist von Werken des Meisters umgeben, selbst an der Hauswand gegenüber hängen in schweren Rahmen große Formate. Nicht dass der berühmte Fotograf ins gastronomische Gewerbe umgestiegen wäre, doch hat er im Haus, das er von seinem Vater erbte, sein Studio untergebracht. Als ein paar junge Leute unten in einer umgebauten Garage ein Bistro eröffneten, fragten sie ihn einfach, ob sie es nach ihm benennen dürften. Sie durften, schmückten die Wände mit Gülers Fotos, legten auch die Bücher des Meisters aus und schufen so das Kafe Ara.

Oben im Studio kümmert sich Ara Güler um seine Bücher oder ist mit der Digitalisierung seines Archivs beschäftigt. Manchmal aber unterbricht er seine Arbeit. Dann kann man einen bescheidenen, über achtzigjährigen Mann bei einem Glas Tee an seinem Stammtisch in »seinem« Café sitzen sehen.

Adresse Tosbağ Sok. 2, Galatasaray | **ÖPNV** Metro M 2, Haltestelle Şişhane oder Taksim; Tünel-Bahn, obere Haltestelle; Untergrund-Drahtseilbahn Taksim – Kabataş, obere Haltestelle | **Tipp** Café Mandabatmaz: Nach einem Essen im Kafe Ara hinüber ins Mandabatmaz – ausgezeichneter Mokka (Oliviya Geçidi Sok.).

57 __ Das Kalpazankaya-Restaurant

Fisch essen statt Geld fälschen

Kalpazankaya heißt Geldfälscherfelsen, und dieser befindet sich an der westlichsten Spitze der Burgaz-Insel. Angeblich soll hier in byzantinischen Zeiten eine Falschmünzerwerkstatt zugange gewesen sein. Die Lage ist gut versteckt, und wir glauben der Legende gerne.

Der motorisierte Privatverkehr ist auf der Insel verboten. Statt eines Taxis besteigt man an der Schiffsanlegestelle einen Fayton, wie die doppelspännige Kutsche in Anlehnung an Phaeton, den Sohn des griechischen Sonnengottes, hier heißt. Der Kutscher hält seine Pferde mit viel »yürü, yürü« (lauf, lauf) auf Trab, und in zehn Minuten hat man das traumhaft gelegene Restaurant erreicht. Spaziergänger brauchen für dieselbe Strecke eine gute halbe Stunde. So oder so, erst setzt man sich am besten unter den Bäumen in den Schatten und genießt die Aussicht. Auf dem Meer schwimmen zwei Mini-Inseln. Die eine ist Sivriada, wo 1910 Istanbuls streunende Hunde ausgesetzt wurden; nach einem Erdbeben in der Stadt – Allahs Antwort auf den Frevel – wurden die Tiere unverzüglich wieder aufs Festland zurückgeschafft. Weniger Glück hatte der frühere Ministerpräsident Menderes; er wurde auf Yassıada zum Tode verurteilt, ohne dass Allah eingriff.

Der Großvater von İsmail Bucak, der heute den Kochlöffel schwingt, kaufte das Restaurant 1959 seinem griechischen Vorgänger ab. Seither wird es von derselben Familie geführt. An Wochenenden wird das Gartenlokal gern von den Inselbewohnern aufgesucht, Meister İsmails Kochkunst wird geschätzt. Schon nachmittags sieht man Frauen mit der Zubereitung von gefüllten Weinblättern beschäftigt; die Vorspeisenplatte zeigt dann noch rund zwanzig weitere Vorschläge. Hinterher natürlich Fisch: Schellfisch mit Basilikum, marinierter Seebarsch, im September Palamut (Bonito) aus dem Schwarzen Meer und Blaubarsch (Lüfer). Und stets ist der Rakı ein guter Begleiter.

Adresse Kalpazankaya Burnu, Burgaz Adası | **ÖPNV** Schiff, Anlegestelle Burgaz Adası | **Öffnungszeiten** April–Nov. täglich, Dez.–März nur an Wochenenden | **Tipp** Direkt unterhalb des Restaurants und über einen kurzen Treppenweg erreichbar lockt ein wunderschöner, kleiner Badestrand.

58 — Die Kamondo-Treppen

Die Rothschilds des Orients

Bevor die Banken in den 1990er Jahren in Levent ihre Wolkenkratzer hochzogen, war die Bankalar-Straße das Herz der Istanbuler Finanzwelt. Mitten unter den Bankpalästen findet man dort die verspielten Kamondo-Treppen, die in einem eleganten Doppelbogen über 42 Stufen nach oben führen. Ein kleines architektonisches Einsprengsel aus dem Jugendstil trotzt den steinernen Kolossen des Geldes.

Im mittleren Feld, wo aus einem früheren Brunnen eine Grünpflanze sprießt, informiert ein kleines Schild, dass die Kamondo-Familie die Treppen zwischen 1870 und 1880 in Auftrag gab. Die Kamondos hatten zuvor knapp oberhalb einen herrschaftlichen Wohnsitz für sich bauen lassen. Bekannt wurde vor allem Bankier Abraham Salomon Kamondo, dessen sagenhafter Reichtum für die marode Ökonomie des Osmanischen Reiches ein Glücksfall war, er beteiligte sich finanziell am osmanischen Engagement im Krimkrieg und unterstützte in Istanbul den Aufbau eines öffentlichen Verkehrsnetzes. In der jüdischen Gemeinde engagierte er sich nebenbei auch für die Renovierung von Synagogen und den Aufbau des Bildungswesens.

Ob Abraham Salomon die schmucken Kamondo-Treppen noch gesehen hat, ist fraglich. 1872 siedelte sich der inzwischen 90-jährige Patriarch in Paris an, wohin seine Enkel die Zentrale des Familienimperiums verlegt hatten, und starb dort im folgenden Jahr. Die Bank in Istanbul wurde weitergeführt, widmete sich schließlich nur noch dem Immobiliengeschäft und schloss 1917 ihre Pforten endgültig. Fortan lebte die Kamondo-Familie in Frankreich, was ihnen zum Verhängnis werden sollte. Ihre letzten Mitglieder wurden von den Nazis deportiert und in Auschwitz ermordet.

Das Wohnhaus der Kamondo oberhalb der Treppen ist heute ein schickes Appartement-Hotel, einzig die schmucken Treppen erinnern heute mit ihrem Namen noch an die jüdische Familie, die in der Stadt einst eine bedeutende Rolle spielte.

59 __Der Karacaahmet-Friedhof

Wo die meisten Türken ruhen

In Istanbul sind Friedhöfe nicht nur grüne Lungen, sie bieten den Ohren auch Erholung vom städtischen Verkehrslärm, zudem fördern sie kontemplatives Nachdenken über Gott und die Welt – Gründe genug für einen Spaziergang auf dem Karacaahmet-Friedhof. Er ist nicht nur der größte Friedhof der Türkei, sondern mit seiner rund 700-jährigen Geschichte auch der älteste Istanbuls.

Der alte Friedhof besitzt die modernste Moschee der Stadt. Die 2009 fertiggestellte Şakirin Cami am Nordrand des Friedhofs überrascht mit ihrer futuristisch anmutenden Kuppel, die Wände sind zu einem großen Teil aus Glas, das Licht wird durch ein feines Metallgitternetz gefiltert. Die Innenausstattung – eine Premiere in der islamischen Welt – wurde einer Frau übertragen, der Istanbuler Innenarchitektin Zeynep Fadıllıoğlu. Von den Lüstern hängen gläserne Tropfen, der Minbar (Kanzel) ist aus Acrylglas. Bauherrin dieser ungewöhnlichen Moschee ist eine sozial engagierte Stiftung der 1998 im Alter von 93 Jahren verstorbenen Semiha Şakir, einer Istanbuler Philanthropin, die sich in jungen Jahren mit einem reichen Saudi verheiratet hatte.

Der Spaziergang führt auf vielen Wegen durch eine teils verwilderte Anlage mit uralten Zypressen und anderem Gehölz. Das Gelände ist oft uneben, die Grabsteine stehen schief. Die männlichen Gräber zeigen einen Stein mit Turban, an dessen Einzelheiten Spezialisten die Stellung des Toten innerhalb der osmanischen Hierarchie ablesen können, bei den weiblichen Gräbern beschränkt sich der Schmuck oft auf ein Blumendekor im Relief. Und irgendwann stoßen Sie vielleicht auf ein schmuckes Grab, das sich mit weißem Marmor und vergoldeter Schrift von all den grauen Steinen abhebt. Davor steht meist eine Gruppe betender Menschen, und ein Schild weist darauf hin, dass Fotografieren verboten ist. Hier ruhen die Eltern des derzeitigen Ministerpräsidenten Recep Tayyip Erdoğan.

Adresse Nuh Kuyusu Cad., Üsküdar | **ÖPNV** Schiff, Anlegestelle Üsküdar; Marmaray, Haltestelle Üsküdar | **Tipp** Nach dem Besuch der Moschee kreuz und quer über den Friedhof flanieren. Einige Grabstätten sind wunderbar, andere wunderlich.

60__Der Kastamonu-Markt

Eier vom Dorf

Wie viele Einwohner hat Istanbul? Vielleicht 15 Millionen, vielleicht 17 Millionen, so genau weiß das keiner. In den letzten Jahrzehnten hat eine gewaltige Landflucht eingesetzt, eine Völkerwanderung von Ost nach West, vom anatolischen Dorf in die Megalopole Istanbul. Der Motor ist die Hoffnung auf ein besseres Leben.

An einem Wochenende steigt ein anatolischer Bauer in den Bus und fährt nach Istanbul. Er will wissen, wie es seiner Verwandtschaft in der Großstadt so geht. Der freundliche Mann will ein Geschenk mitbringen, aber was? Er bringt, was er hat: Eier und Tomaten, vielleicht etwas Käse dazu. Die Neu-Istanbuler stellen beim Essen fest: Die Eier schmecken anders, besser. Nicht, weil sie aus der Heimat kommen, sondern tatsächlich besser. Sie bitten ihren Verwandten, das nächste Mal wieder Eier und Tomaten mitzubringen, am besten ein bisschen mehr und vielleicht noch Gurken dazu. Der Bauer fährt nach Hause, erzählt in seinem Dorf, in Istanbul wären die Eier nicht so gut wie bei ihnen, und irgendeiner kapiert: Da gibt es eine Marktlücke. So ungefähr muss der Kastamonu-Markt entstanden sein.

Mittlerweile fahren jeden Sonntagmorgen über ein Dutzend Lastwagen in Kasımpaşa vor. Ihre Kennzeichen beginnen mit »37« – Provinz Kastamonu, rund 500 Kilometer von Istanbul entfernt. Die Ware wird ausgebreitet: Paprika, Eier, Pilze, Tomaten, Salat, Zwiebeln, Knoblauch und was der anatolische Boden sonst noch hergibt. Längst sind auch die Istanbuler darauf gekommen, dass die im Supermarkt gekauften Batterie-Eier mit denen der Bauern von Kastamonu nicht mithalten können, dass ein vom Automaten gemästetes Industriehähnchen einen anderen Geschmack hat als sein Artgenosse, der frei auf dem Bauernhof von Kastamonu herumspaziert und Körner pickt. Die Händler von Kastamonu ihrerseits haben gemerkt, dass ein Schild »organik« (biologisch) bei den städtischen Käuferschichten gut ankommt.

Adresse Toprak Tabya Sok., Kasımpaşa | **ÖPNV** einfacher mit dem Taxi | **Öffnungszeiten** sonntags | **Tipp** Büyük-Kasımpaşa-Moschee: 500 Meter auf der Bahariye Caddesi in Richtung Goldenes Horn. Rund um die Moschee mit ihren barocken Minaretten hat sich ein Second-Hand-Markt etabliert.

61 Kılıç Ali Paşa Külliyesi

Ein Großadmiral lädt zu osmanischem Schwitzen ein

Zum Stiftungskomplex von Kılıç Ali Paşa gehören neben der Moschee ein Hamam, eine Medrese (Koranschule), ein Sebil (Wasserspender) sowie die Türbe des Stifters Kılıç Ali Paşa. Dessen Curriculum Vitae zeugt von einer steilen Seemannskarriere. Geboren 1519 im italienischen Kalabrien, bekannt unter dem Namen Occhiali, fiel er im zarten Alter von 16 Jahren muslimischen Korsaren in die Hände. Als Galeerensklave konvertierte er zum Islam, wurde bald selbst Galeerenbesitzer, dann Admiral und schließlich Großadmiral der osmanischen Flotte. Zwar verlor diese die Seeschlacht von Lepanto, aber Ali Paşa ging daraus als Sieger auf einem Nebenschauplatz hervor, erhielt den Ehrennamen »Kılıç« (Schwert) und wurde fortan als »Kapitän der Meere« gefeiert.

Reich geworden, beauftragte der Großadmiral 1580 den berühmten Sinan mit dem Bau einer Moschee. Vielleicht suchte der Architekt, damals bereits 90 Jahre alt, nach zahlreichen Moscheebauten etwas Abwechslung. Jedenfalls holte er sich, wie auch der Laie leicht erkennen kann, Anleihen bei der Hagia Sophia, was ihm heute einige Kritiker verübeln. Dass Miguel Cervantes auf der Baustelle als Sklave Maurerdienste verrichtete, gehört ins Reich der Legenden. Die Vorstellung einer Begegnung zwischen dem großen Sinan und dem künftigen Autor des »Don Quijote« ist jedoch reizvoll. Historisch richtig ist vermutlich, dass Cervantes dem osmanischen Admiral seine Befreiung aus der Sklaverei verdankt – nachzulesen in Kapitel 39 des »Don Quijote«.

Auch der Hamam neben der Moschee ist ein Werk Sinans. Nach einer kompletten Renovierung ist er seit 2012 wieder zugänglich und einer der schönsten und teuersten der Stadt. Unter der großen Kuppel lädt eine Ruhezone mit vielen Kissen zum Entspannen ein, auf halber Höhe wurde zusätzlich eine Holzempore eingebaut. Im Raum daneben sorgt ein dezenter Lichteinfall für eine stimmungsvolle Schwitzkur.

Adresse Necati Bey Cad./Hamam Sok., Tophane | **ÖPNV** Tram T 1, Haltestelle Tophane | **Öffnungszeiten** Hamam: Mo–Sa 8–16 Uhr für Frauen, 16.30–23.30 Uhr für Männer | **Tipp** Hamam-Boutique: An der Nordostmauer des Hamams wird verkauft, was man im Hamam brauchen kann: Hamamtuch aus Baumwolle, Peeling-Handschuh, Schwamm, Metallbecher zum Wasserschöpfen und mehr. Auch als Souvenir.

62 __ Die Kınalıada-Moschee

Eine ungewöhnliche Moschee und ein Badestrand dazu

Die Kınalıada war lange Zeit die Insel der Armenier und Griechen. Noch heute unterhalten beide christlichen Gemeinschaften dort je eine Kirche, und auf einem der drei Hügel steht das alte orthodoxe Kloster Metamorphosis. Heute ist Kınalıada mehrheitlich von nicht-christlichen Türken bewohnt. Aber erst seit 1963 haben hier auch Moslems ihre Gebetsstätte. Die Moschee ist klein, dafür aber eine der modernsten von ganz Istanbul.

Der Besucher sieht die Kınalıada Cami schon bei der Anfahrt vom Schiff aus – ein schlankes, weißes, pyramidales Minarett ragt in den Himmel. Ihm entsprechen architektonisch die zwei weiteren, ungleich hohen Pyramiden des Dachs. Die Glasfenster einer der Pyramiden, die Verwendung von hellem Stein und der flache Hauptbau verleihen der Moschee ein elegantes, luftig-leichtes Aussehen. Für die Mauer des Innenhofes wurden Steine einer 1958 in Karaköy abgerissenen Moschee verwendet; einige waren wohl zu viel, sie liegen noch heute neben der Mauer. Vielleicht holten die Insulaner auch nur ihren eigenen Stein zurück: Für den Bau des Hafens von Karaköy wurde einst auf der Kınalıada Stein gebrochen und aufs Festland transportiert.

Durch eine Schiebetür aus Glas – welche Moschee hat das schon? – betritt man den Gebetsraum. Seine Form bildet ein unregelmäßiges Sechseck. Die traditionellen Medaillons mit den Namen Allahs, Mohammeds und der Kalifen versichern den Besucher, dass er sich tatsächlich in einer Moschee befindet. Mihrab (Gebetsnische) und Minbar (Kanzel) sind beide aus hellem Holz, auch sonst wirkt alles sehr modern, und die Heizungsradiatoren an der Wand verströmen schon fast Wohnzimmeratmosphäre im kleinen Raum.

Geschäfte und Teestuben sind direkt an die Moschee angebaut, auch das ist ein ungewohntes Bild. Gleich vor der Moschee lädt ein Strandlokal zum Tee ein und dahinter das klare Wasser des Marmarameers zum Bad.

Adresse Kınalı Çarşı Cad., Kınalıada | **ÖPNV** Schiff, Haltestelle Kınalıada | **Tipp** Spazieren und baden: Spaziergang zum Metamorphosis-Kloster hoch und dann auf der anderen Seite hinunter zur Kamos-Bucht, der schönsten Badestelle der Insel.

63 __ Kızkulesi

Wo James Bond einen atomaren Anschlag verhinderte

Wer mit dem Schiff von Europa nach Asien fährt, was auch nach der Eröffnung der unterseeischen »Marmaray« die schönste Interkontinentalverbindung bleibt, kommt unweigerlich am Kızkulesi (Mädchenturm) vorbei, der vor der asiatischen Küste im Bosporus steht. In deutschen Reiseführern heißt er meist Leanderturm. In seiner heutigen Form stammt der oft gesehene und selten besuchte Turm aus dem 18. Jahrhundert. Sein byzantinischer Vorgänger diente einst dazu, eine schwere Kette zu halten, deren anderes Ende am europäischen Ufer befestigt wurde und so feindlichen Schiffen die Einfahrt in den Bosporus verwehrte.

Mädchentürme oder Mädchenburgen gibt es auch anderswo in der Türkei, im Mittelmeer bei Silifke und im Beyşehir-See bei Konya. Die Legende ist stets dieselbe: Einer schönen Königstochter wird der Tod geweissagt, der besorgte König sperrt sie möglichst unerreichbar ein. Das Schicksal erreicht die Unglückliche in Form eines Früchtekorbs, in dem eine Giftschlange versteckt ist. Bekannter ist dank Schiller in Deutschland die Sage vom Leanderturm. Der verliebte Leander schwimmt allnächtlich übers Meer, um heimlich die schöne Hero zu sehen, die ihm mit einem Licht am Turmfenster den Weg weist. In der Unglücksnacht bläst ein Sturm das Licht aus, Leander ertrinkt jämmerlich. Schade nur, dass die Sage nicht am Bosporus, sondern an den Dardanellen spielt.

Diese und andere unglaubliche Geschichten werden im Inneren des Turms mit dramatischen Illustrationen erzählt. Vielleicht kommt dereinst auch James Bond in den Legendenhimmel des Kızkulesi, immerhin rettete er 1999 von hier aus Istanbul vor einem atomaren Anschlag – nachzusehen in »The world is not enough.«

Das Restaurant im Turm serviert klassische türkische Küche zu überteuerten Preisen. Man kann sich aber auch damit begnügen, auf die Plattform hochzusteigen und den Schiffen im Bosporus zuzuschauen.

Adresse Salacak, Üsküdar | **ÖPNV** Schiff, eigene Anlegestelle auf der asiatischen Seite in Salacak (gegenüber Kızkulesi), auf der europäischen Seite in Kabataş | **Tipp** Hin und weiter: Rundum Wasser und Badeverbot. Vorschlag: statt hin- und zurückzufahren, hin- und weiterfahren, den Kontinent wechseln.

64_ Das Koç-Museum

Der Krösus der modernen Türkei spendet ein Museum

Koç kennt jedes Kind in der Türkei. Der Name steht für die größte Familienholding des Landes. Am Anfang steht Vehbi Koç, der in Ankara einen Krämerladen betrieb, bevor er ein Industrieunternehmen aufbaute. Dass er dabei von der astronomisch hohen Vermögenssteuer profitierte, die 1942 bis 1944 von Nicht-Muslimen eingezogen wurde und armenische, griechische und jüdische Unternehmer in den Ruin trieb, steht auf einem anderen Blatt. 1984 übergab er das Ruder an seinen Sohn Rahmi, heute leitet in dritter Generation Mustafa Koç das Familienimperium.

Große Leute rühren gern mit großer Kelle an. Rahmi Koç, der 1994 das erste Verkehrsmuseum der Türkei gründete, brauchte schon zwei Jahre später mehr Platz, um seine Sammlung unterzubringen. So kaufte er kurzerhand die ruinöse Werft von Hasköy am Goldenen Horn, renovierte die Gebäude und verfügt jetzt inklusive Wasserfläche über ein Areal von 27.000 Quadratmetern, auf dem er Flugzeuge, Eisenbahnen und Schiffe unterbringen kann. Der Besuch des Museums ist in erster Linie eine Reise durch die Geschichte der modernen Verkehrsmittel. Prunkstück der Sammlung ist unbestritten der luxuriöse Eisenbahnwaggon, in dem Sultan Abdülaziz 1867 zur Pariser Weltausstellung fuhr und auch gleich noch einen Abstecher nach London machte, wo er zum Ritter des Hosenbandordens geschlagen wurde. Es war die erste Reise eines osmanischen Sultans nach Westeuropa. Aus derselben Zeit stammt ein von zwei Pferden gezogener Tramwagen, der zwischen Karaköy und Beşiktaş verkehrte. In der Flugzeugabteilung sind Zivil- und Militärflugzeuge zu sehen sowie ein Helikopter der türkischen Polizei, im Goldenen Horn hat ein U-Boot seinen Museumsplatz bekommen. Und schließlich gehört auch Koç selbst ins Museum. Firmengründer Vehbi produzierte den »Anadol«, den türkischen Ford, und den »Tofaş«, den türkischen Fiat, den man heute noch gelegentlich auf Istanbuls Straßen sieht.

Adresse Hasköy Cad. 5, Hasköy | **ÖPNV** Schiff, Anlegestelle Hasköy | **Öffnungszeiten**
Di – Fr 10 – 17 Uhr, Sa / So 10 – 18 Uhr (April – Sept. bis 20 Uhr) | **Tipp** Café du Levant:
Die Alternative zum Halat-Restaurant am Wasser liegt auf der anderen Straßenseite. Die
gefüllten Mangoldblätter dort schmecken ausgezeichnet.

65__Kosher Levi

Köfte an Matzemehlsauce

Die Schrift »Levi Kosher« am roten Haus ist schon von der Galatabrücke aus zu sehen. Das Gebäude heißt »Çavuş Başı Han«, was man frei als »Haus des obersten Adjutanten« übersetzen könnte, die rote Farbe war den höchsten Beamten des Serails vorbehalten. Der Eingang zu Levi ist nicht leicht zu finden: einfach ins rote Haus hineingehen, die Tür öffnet sich zu einem Flur – meistens stehen dort Händler herum –, an dessen Ende rechts eine Treppe hochführt. In der ersten Etage stößt man direkt auf einen Salep-Hersteller – Salep ist ein orientalisches Milchgetränk mit Knabenkraut als wichtigster Zutat. Rechts am Ende des Flurs steht in etwas schäbigen Lettern »Restaurant«.

Wer einen Chef namens Levi sucht, der ein koscheres Restaurant führt, hält sich besser an die Zeitungsartikel an der Wand. Levi, der hier eine Gaststube für die jüdischen Händler der unmittelbaren Umgebung gründete, ist schon lange tot. Doch einige jüdische Händler gibt's noch, und sie schätzen die Örtlichkeit wegen der koscheren Küche. Geführt wird das Lokal heute von zwei Türken, Muslime. Das stört die jüdischen Gäste nicht. Sie wissen, dass hier alles der strengen Kontrolle des Istanbuler Oberrabbinats untersteht. Auch der türkische Rotwein, der ziemlich teuer verkauft wird, ist als koscher zertifiziert. Die Küche unterscheidet sich kaum von der klassisch türkischen, der nichtkoschere Gaumen schmeckt das Reinheitsgebot nicht heraus. Tomaten, Auberginen, Lammfleisch gehören auch bei Levi zum Repertoire, die Köfte (Hackfleischbällchen) hingegen werden an einer Matzemehlsauce serviert, und ganz aus der jüdisch-koscheren Tradition stammen die Matzeküchlein.

Meistens sind nicht viele Gäste da, sodass man einen Platz am Fenster findet. Die Aussicht ist fast so gut wie von der Terrasse des benachbarten Luxusrestaurants »Hamdi«: über die Galatabrücke zum Galataturm hoch und rechts bis zum Bosporus.

Adresse Tahmis Kalçın Sok., Eminönü | **ÖPNV** Tram T 1, Haltestelle Eminönü. Schiff, Anlegestelle Eminönü | **Tipp** Café Ender: gleich nebenan, guter Mokka.

66 Küçük Ayasofya

Die vergessene kleine Schwester der Hagia Sophia

Ein paar Jahre vor der berühmten Ayasofya (Hagia Sophia) wurde eine Kirche zu Ehren der Heiligen Sergius und Bacchus gebaut, die heute als Küçük Ayasofya (Kleine Hagia Sophia) bekannt ist. Die Namensgebung kommt nicht von ungefähr, die Kirche nahm tatsächlich einige Stilelemente vorweg, insbesondere der quadratische Plan und die Kuppel, die dann im großen Maßstab beim Bau der byzantinischen Hauptkirche zur Anwendung kamen – eine Art Generalprobe vermutlich.

Die Kirche, deren Bau Kaiser Justinian I. unmittelbar nach seiner Thronbesteigung 527 veranlasste, wurde im Gegensatz zur Hagia Sophia nach der Eroberung Konstantinopels 1453 nicht gleich in eine Moschee umgewandelt, sondern erst ein halbes Jahrhundert später. Seither heißt sie Küçük Ayasofya Cami. Im 19. Jahrhundert verursachte der Bau der nahen Eisenbahnlinie des Orientexpress Schäden an der Moschee. 1999 beschädigte das Erdbeben im knapp 100 Kilometer entfernten Gölcük die Moschee erneut. Die Reparaturarbeiten waren umfangreich und sind inzwischen abgeschlossen. Im Inneren stützen nach wie vor die byzantinischen Säulen mit ihren fein ziselierten Kapitellen die Galerie der Moschee. Auch der originale Boden der einstigen Kirche ist geblieben. Sonst aber braucht es schon einen geschulten Blick, um die Architektur der byzantinischen Kirche auszumachen.

Mindestens so schön wie die Moschee ist ein Spaziergang in der Umgebung. Einen Straßenzug weiter nördlich sind die Mauern des Çardaklı-Hamams, einst einer der größten Hamams der Stadt und im 17. Jahrhundert berüchtigt für unsittliches Treiben. Unterhalb der Blauen Moschee kommen wir beim alten Sultan-Ahmet-Gefängnis vorbei; die letzten Häftlinge wurden hier 1969 entlassen. Das Tor führt heute zu den Luxuszellen des Hotels »Four Seasons«, und schon stehen wir mitten im touristischen Trubel, den wir beim Ausflug zur Küçük Ayasofya völlig vergessen haben.

Adresse Küçük Ayasofya Sok., Sultanahmet | **ÖPNV** Tram T 1, Haltestelle Sultanahmet, oder Vorortsbahn Sirkeci–Halkalı, Haltestelle Cankurtaran, und dann in beiden Fällen zehn Minuten zu Fuß | **Tipp** Im begrünten Hof neben der Moschee, einst Teil einer Tekke (Kloster), haben sich unter den Arkaden Kunsthandwerker eingerichtet.

67 Kurukahveci Mehmet Efendi

Istanbuls berühmteste Kaffeerösterei

Im Gewühl der Händler fällt der Laden nicht auf, dann bemerkt der Spaziergänger, dass am Straßenrand eine Schlange steht, vielmehr sich kontinuierlich bewegt – wie eine Prozession. Allerdings kitzelt nicht Weihrauch die Nase, sondern kräftiger Kaffeeduft. Die Szene spielt von morgens bis abends direkt neben dem Ägyptischen Basar. Kurukahveci Mehmet Efendi ist eine Institution in Istanbul. Man stellt sich an, zieht mit der Menschenschlange an einer Fensterfront vorbei, hinter der eine große Maschine arbeitet und flinke Jungs in atemberaubendem Tempo Kaffee abwiegen und verpacken. Am Schalter angelangt, nennt man die Menge – 50, 100, 250 oder 500 Gramm oder ein Kilo –, und schon hat man das braune Päckchen in der Hand. Noch bevor das Rückgeld im Portemonnaie verstaut ist, wird schon der übernächste Kunde bedient.

Mehmet Efendi übernahm 1871 den Laden seines Vaters, der hier noch Gewürze und grüne Kaffeebohnen verkaufte. Die Istanbuler rösteten damals noch bei sich zu Hause. Mehmets Idee, im Geschäft eine Kaffeerösterei einzurichten und braune statt grüne Kaffeebohnen zu verkaufen, erwies sich als gewinnbringend. Als er 1931 starb, konnte er seinen drei Söhnen so viel hinterlassen, dass diese einen Architekten mit einem Neubau beauftragten. Im Stil der Zeit weist das Haus, dessen elegante Architektur man vor lauter Kundschaft übersieht, zahlreiche Art-déco-Elemente auf. Heute ist bei Mehmet Efendi die dritte Generation am Rösten.

Ein paar Schritte weiter steht an einem Eckhaus in französischer Transkription »Kourou Kahvedji Han« geschrieben und rechts davon das Pendant in arabischer Schrift. Es ist die alte Zentrale der Kaffeehändler des Osmanischen Reiches, in der auch Mehmet Efendi einkaufte. Die schweren Säcke, die hier abgeladen wurden, wurden im Jemen abgestempelt und auf geduldige Kamelrücken gebunden.

Adresse Tahmis Sok. 66, Eminönü | **ÖPNV** Tram T 1, Haltestelle Eminönü; Schiff, Anlege-stelle Eminönü | **Tipp** Kurukahveci-Han: Mehmet Efendi verkauft seinen berühmten Kaffee nur trocken. Zu kosten gibt's den besten Kaffee beim Concierge des benachbarten Han.

68__Kuzguncuk

Einstiger Melting Pot der Kulturen

Wer in Kuzguncuk vom Hafen aus die zentrale İcadiye Caddesi hochgeht, stößt linker Hand auf die griechische Georgskirche, weiter oben auf die Beth-Yaakov-Synagoge. Wer am Bosporus entlangspaziert, trifft erst auf die armenische Kirche Surp Krikor Lusavoriç und gleich dahinter auf die Kuzguncuk-Moschee.

An keinem anderen Ort in Istanbul lebten die verschiedenen Kulturen so eng beieinander wie in Kuzguncuk. Juden und Griechen siedelten sich ab dem 15. Jahrhundert an, im 18. und 19. Jahrhundert stießen zahlreiche armenische Familien dazu. Noch bis zum Ersten Weltkrieg waren die Moslems eine kleine Minderheit, die Kuzguncuk-Moschee mit Baujahr 1952 war die erste im Zentrum des Stadtteils. In den 1920er Jahren verließen im Rahmen eines Bevölkerungstausches die meisten Griechen die Türkei, 1948 hatte die Gründung des Staates Israel einen jüdischen Exodus zur Folge. In die leer stehenden Häuser zogen Familien aus Anatolien ein, vornehmlich aus dem Schwarzmeerraum. Heute zählt man rund 30 Juden, und möglicherweise gibt es mehr griechische Kirchen als Griechen. Aber auf Multikulturalität und Toleranz ist man immer noch stolz in Kuzguncuk.

Einen Hauch des alten Kuzguncuk erhascht, wer auf der baumbestandenen İcadiye Caddesi spaziert. Alte Häuser, oft noch aus Holz und mit schönen Erkern, die meisten restauriert – Kuzguncuk ist zu einer begehrten Wohnlage geworden. Gemüsehändler halten Tomaten, Gurken und Eier aus İnebolu feil – das spricht einerseits die alten Einwanderer an, andererseits ist die Ware tatsächlich von besonderer Qualität. Wer gut speisen will, geht ins »Kosinitza«, dort wird italienisch inspirierte, mediterrane Küche serviert – und natürlich Fisch. Oder man setzt sich am Hafen auf die Terrasse des »İsmet Baba Restaurant« und denkt über Gott und die Welt und Kuzguncuk nach, wo zwischen den Rufen des Muezzins immer noch die Kirchenglocken läuten.

69 __Das Little Italy

Wo Casanova nächtigte

»Little Italy« steht nirgends angeschrieben, aber für uns sind die Gebäude der unteren Tomtom-Kaptan-Gasse ein Klein-Italien. Am besten beginnt man den Spaziergang oben an der İstiklal Caddesi und geht die Postacılar-Gasse hinunter.

Der kurze, sehr romantische Spaziergang führt zum »Venezianischen Palast«, der heute der italienischen Botschaft in Ankara gehört, die gleich unterhalb ihr Istanbuler Konsulat unterhält.

Von 1856 bis 1923 war der Palast Sitz der Botschaft, davor residierte hier der Bailo, der oberste Diplomat der venezianischen Seerepublik, dessen Kompetenzen sich über den ganzen Mittelmeerraum erstreckten. Casanova, der 1742 eine Zeit lang im Palast untergebracht war, sprach selbstverständlich beim Bailo vor – der ihm befahl, nie ohne einen Janitscharen auszugehen, um sich gegen die »Unverschämtheit des türkischen Pöbels zu schützen«. Als Erotomane drang er nur bis zum Schleier einer türkischen Schönheit vor – weiter nicht.

Gleich unterhalb des italienischen Konsulats schließt sich der klassizistische Bau des »Liceo Italiano« an. Seit 1919 drücken hier Italiener und Türken beider Geschlechter die Schulbank, heute sind die Türken in der Mehrheit. Die Schule wird von Italien co-finanziert, das Lehrpersonal ist teils türkisch, teils italienisch. Unter den ausländischen Schulen gehört das Liceo Italiano eher zu den unbekannten, aber immerhin hat es zwei türkische Schönheitsköniginnen hervorgebracht.

Gegenüber ist noch die kaputte Leuchtreklame des ehemaligen Hotels Italia – ein Buchstabe ging verloren – zu sehen. Das Gebäude wird wohl demnächst zugunsten des luxuriösen Residence-Hotels »Tomtom« abgerissen. Etwas weiter unten, auf der anderen Seite der Boğazkesen-Straße, steht das »İtalyan Hastanesi«, 1876 von König Vittorio Emanuele II. in Auftrag gegeben, heute ein normales türkisches Krankenhaus. In Little Italy fehlen die Italiener.

Adresse Tomtom Kaptan Sok., Galatasaray | **ÖPNV** Tünel-Bahn, obere Haltestelle;
Metro M2, Haltestelle Şişhane; Tram T1, Haltestelle Tophane | **Tipp** Tomtom Suites:
Gediegene Unterkunft gegenüber der italienischen Botschaft. Noch schicker wird es,
wenn aus der Baustelle daneben ein neuer Trakt wird. Dann hoffentlich mit Garten.

70__Marmaray

Next Stop Asia

Pünktlich zum 90. Geburtstag der Republik rollte am 29. Oktober 2013 der erste Zug von »Marmaray« unter dem Bosporus von Europa nach Asien. Die türkische Presse titelte ganz groß, der Ministerpräsident strahlte in die Kameras, der lange angekündigte Termin war eingehalten. Dass bereits am nächsten Tag eine Strompanne die Passagiere zwang, den neuen Tunnel zu Fuß zu verlassen, gelegentlich automatische Türen klemmten und ein paar andere Unannehmlichkeiten sich bemerkbar machten, sind Petitessen.

Von den Großprojekten der Regierung Erdoğan ist Marmaray das am wenigsten umstrittene. Der 17-Millionen-Stadt droht ein permanenter Verkehrsinfarkt. Da ist der Transport von stündlich 75.000 Personen pro Richtung – täglich wird eine deutsche Großstadt zwischen Europa und Asien hin- und hergeschoben – immerhin ein Palliativ.

Wer wie wir das neue Verkehrsmittel nur versuchsweise ausprobieren will, fährt am besten von Sirkeci nach Üsküdar. In Sirkeci befindet sich der Marmaray-Bahnhof direkt unter der ehemaligen Endstation des Orientexpress. Erst macht man die Erfahrung, dass man unglaublich viel gehen und auf Rolltreppen fahren muss. Schließlich liegt der Tunnel 54 Meter unter dem Meeresspiegel. Steht man endlich vor den Gleisen, so muss man nie lange warten: Marmaray verkehrt im Zwei-Minuten-Takt. Es bleibt gerade noch Zeit genug, sich am Boden zu orientieren, an welcher Stelle sich eine Tür öffnen wird. Die Wagen sind modern, die Plastiksitze robust – alles in allem eine U-Bahn-Fahrt wie in anderen Großstädten auch, nur eben unter dem Bosporus. In vier Minuten steigt man im asiatischen Bahnhof Üsküdar aus und stellt nach den dortigen Rolltreppen fest, dass der ganze Trip 15 Minuten gedauert hat. Das nächste Mal nehmen wir wieder das Schiff, die Überfahrt dauert 15 Minuten, keine Rolltreppen und unterirdische Flure – dafür eine grandiose Aussicht auf den Bosporus.

Adresse Sirkeci, Üsküdar | **ÖPNV** Marmaray, Haltestellen Sirkeci und Üsküdar | **Tipp** Bahnhof Yenikapı: Gleich nebenan ist ein riesiges Loch zu sehen. Die Archäologen buddelten in aller Eile, um zu retten, was noch zu retten war.

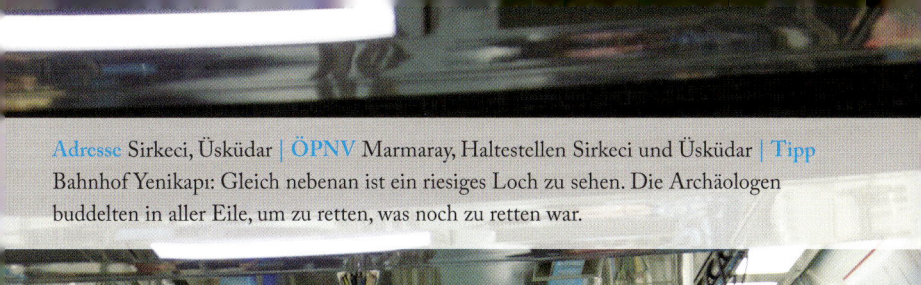

71__Meyer
Von Sultans Hofuhrmacher zur High-Tech-Firma

Wer mit dem Schiff in Karaköy ankommt, der sieht am Kai eine große Uhr, einer Bahnhofsuhr nicht unähnlich, und liest auf dem Ziffernblatt »MEYER«. Ein deutscher Name, aber Uhren dieser Marke kennt kein Mensch in Deutschland. Unweit davon, in einer der Hauptgassen Karaköys, in der tagsüber viel Menschengewühl herrscht, weist ein Schild mit einem Pfeil zu Meyer. Der Hinweis leuchtet nachts auffällig rot, dennoch ist das Haus nicht einfach zu finden. Wer ein Uhrengeschäft mit Schaufenster erwartet, wird enttäuscht sein. Aber trotzdem gibt es den Uhren-Meyer beziehungsweise es gab ihn.

Hinter der Uhr von Karaköy verbirgt sich eine ganze Geschichte. Sie beginnt mit dem Deutschen Johann Meyer, der als Hofuhrmacher von Sultan Abdülhamid II. für die Wartung der Uhren des Sultans, der Minister und anderer hoher Beamter zuständig war und sich 1878 selbstständig machte. Sein Geschäft eröffnete er, damit keiner ihn übersah, am unteren Ausgang der damals erst drei Jahre alten Metro. Später übernahm sein Sohn den Betrieb, dann dessen Sohn Wolfgang, der 1981 starb. Wolfgang Meyer wiederum ist der Urgroßonkel eines in Istanbul wohnhaften Deutschen, der derzeit seine Familiengeschichte und damit die Geschichte der Meyer-Uhren recherchiert und sie im Internet zu publizieren begonnen hat.

Wer nun dem roten Hinweisschild in Karaköy folgt und sich notfalls in den Läden der Umgebung erkundigt, findet Meyer in der zweiten Etage eines alten Gebäudes. Ein kleines Büro und im Schaukasten Meyer-Uhren. Der Mann, der hier residiert, ist Türke und Ehrenpräsident des Verwaltungsrates von »Meyer Biometrics and Security«, einem Unternehmen, das Geräte zur biometrischen Identifikation bei Personenkontrollen entwickelt. Als Gründungsdatum gibt die High-Tech-Firma 1878 an – und stellt so die Entwicklung der komplizierten Software in die Tradition des präzisen Handwerks des Hofuhrmachers Johann Meyer.

Adresse Kölemen Sok. 12, Karaköy | **ÖPNV** Tram T 1, Haltestelle Karaköy; Schiff, Anlege-stelle Karaköy | **Tipp** Schnellküche: Namlı unter dem Parkhaus, schnell und überraschend gut.

72 Mihrimah Cami

Eine astronomische Liebeserklärung

Die Moschee über dem Hafen von Üsküdar ist ein Werk von Sinan, dem berühmtesten Baumeister des Osmanischen Reiches. Mihrimah, der zu Ehren sie 1547 bis 1548 erbaut wurde, war die Tochter von Sultan Süleyman I. (der Prächtige) und dessen Lieblingsfrau Roxelane. Ihr Name stammt aus dem Persischen und bedeutet »Sonne und Mond«, geboren wurde sie am 21. März 1522, also am Tag des Frühlingsanfangs beziehungsweise der Tag-und-Nacht-Gleiche. Gerüchten zufolge soll sich der große Architekt in die schöne Sultanstochter verschaut haben. Fakt ist, dass er für Mihrimah 1562 bis 1565 auf der europäischen Seite am Edirne-Tor eine zweite Moschee errichtete und dass die beiden Mihrimah-Moscheen am Geburtstag der Prinzessin in einen astronomischen Dialog treten. Sie stehen exakt auf einer Ost-West-Achse, sodass Mihrimah am Morgen ihres Geburtstags die Sonne zwischen den beiden Minaretten ihrer Moschee in Üsküdar aufgehen sah, während der Mond hinter dem einzigen Minarett ihrer anderen Moschee im Westen verschwand. Am Abend dann ging dort die Sonne unter, während zwischen den Minaretten von Üsküdar der Mond aufstieg. Theoretisch geht das auf. Ob die Prinzessin tatsächlich zum richtigen Zeitpunkt am richtigen Ort stand, ist nicht überliefert. Und wer heute am 21. März die Probe aufs Exempel machen wollte, dem würde möglicherweise ein Wolkenkratzer das Schauspiel vermasseln.

Die Mihrimah Cami ist Teil einer »Külliye«, eines Komplexes, zu dem in der Regel auch ein Armenhaus, eine Schule (Medrese) und andere Bauten gehören. Erhalten sind die Medrese an der Nordseite, heute als Krankenhaus genutzt, und im Hof der Moschee das später gebaute »Muvakkithane« (1769), das Haus des Zeitmessers, eines Beamten, dem die wichtige Aufgabe oblag, die exakten Gebetszeiten zu bestimmen. Sein treuester Gehilfe ist im östlichen Eck der Südfassade der Moschee zu sehen: eine hübsche Sonnenuhr.

Adresse Paşa Limanı Cad., Üsküdar | **ÖPNV** Schiff, Anlegestelle Üsküdar; Marmaray, Haltestelle Üsküdar | **Tipp** Kanaat Lokantası: Im religiös geprägten Üsküdar sind die meisten Restaurants alkoholfrei, so auch dieses. Aber man isst hier besser als anderswo (Selmanipak Cad. 9).

73__Das Militärmuseum

Peace at Home – Peace in the World

Die Sammlung zur osmanischen und türkischen Kriegsgeschichte umfasst rund 50.000 Exponate. So eine Menge braucht Platz. Die Gebäude der ehemaligen Militärakademie schienen genügend groß, und schließlich gehört die Akademie selber zur Kriegsgeschichte. Auch Staatsgründer Atatürk studierte hier. Er ist in einer Kadettenklasse uniformierter Wachsfiguren mit Fez zu finden.

Beim Parcours durch die türkische Geschichte von den Steppenvölkern aus dem mongolischen Raum bis zur osmanischen Armee vor den Toren Wiens, vom Ersten Weltkrieg bis zur Ausrufung der Republik hält sich der Besucher mit Vorteil an die chronologischen Tafeln (Türkisch / Englisch). So kann er auch die schwere Eisenkette, mit der die Byzantiner einst das Goldene Horn absperrten, in den richtigen Zusammenhang stellen. Schwieriger wird es angesichts der unzähligen Uniformen, Krummsäbel, Pistolen und anderen Waffen. Da wäre weniger vielleicht mehr gewesen. Ausführlich kommt die Zeit des Ersten Weltkrieges zur Sprache. Der »kranke Mann am Bosporus« liegt in den letzten Zügen, die Republik ist fällig. Der türkische Nationalstaat wird gezimmert. An die Armenier, die dabei ihr Leben ließen, erinnern ein paar Fotos – auf denen die Opfer als Täter zu sehen sind. Da wundert es nicht weiter, dass die ausgestellte griechische Fahne, die 1974 von der türkischen Armee in Zypern erbeutet wurde, zum Museumskapitel »Cyprus Peace Operation« gehört. Solche Euphemismen sind auch in anderen Ländern gängige Praxis.

Am Ausgang steht der Besucher vor einer riesigen Wand, auf der alle Schlachten der Türken verzeichnet sind und dazu der Aufruf: »Peace at home – Peace in the world.« Darunter ist ein Stück Stacheldraht zu sehen und davor ein Graben – vielleicht eine Blutrinne …

Täglich um 15 Uhr tritt in den Räumen des Museums die Militärkapelle der Janitscharen auf – in historischer Uniform, mit Pauken, Zimbeln und Oboen.

Adresse Valikonağı Cad. 3, Harbiye | **ÖPNV** Metro M 2, Haltestelle Osmanbey | **Öffnungs-zeiten** Mi–So 9–17 Uhr | **Tipp** Shopping: Nişantaşı ist eine Adresse für Luxuskonsumen-ten. Was Rang und Namen hat, ist hier vertreten.

74__Milyon Taşı

GPS in Konstantins Weltreich

Eine karge Stele, eingelassen in ein quadratisches Loch, vom Platz der Hagia Sophia nur durch die Hauptstraße (Divan Yolu) und deren Tramschienen getrennt. Im Touristenrummel rund um Topkapı-Palast, Blaue Moschee und Hagia Sophia wird der bescheidene Stein meist übersehen. Das wäre bestimmt anders, wenn das alte »Milion« aus dem 4. Jahrhundert noch stünde, von dem der Milyon Taşı ein letztes Überbleibsel ist.

Die Idee des Milion hatte Konstantin der Große den Römern abgekupfert. Auf dem Forum Romanum von Rom stand der Goldene Meilenstein (Millarium Aureum), von dem aus die Straßen vermessen wurden. Umgekehrt betrachtet war das Millarium der Fokus, auf den das römische Straßennetz zulief: Alle Wege führen nach Rom. Die byzantinische Variante des geografischen Nullpunkts des Reiches war ungleich aufwendiger als das römische Vorbild. Rekonstruktionen zeigen das Milion von Byzanz als offenen, von einer Kuppel gekrönten Bau, halb Triumphbogen, halb Tempel, in dem zahlreiche Statuen standen, darunter selbstverständlich auch die des Kaisers.

Das Milion verzeichnete die exakte Entfernung zu den Städten des Reichs. Die Hauptstraße, die von hier wegführte, entsprach dem Verlauf des heutigen Divan Yolu. In Gedanken reißen wir die Tramschienen wieder heraus und stellen uns eine von prunkvollen Säulen gesäumte Straße vor. Weiter westlich verzweigten sich die Wege und führten durch die verschiedenen Stadttore hinaus in die byzantinische Welt. Die Hauptroute zog sich als Via Egnatia durch den Balkan an die Adriaküste. Dort setzte man mit dem Schiff nach Brindisi über und erreichte über die Via Appia Rom.

Im 6. Jahrhundert fügte Kaiser Justinian I. dem konstantinischen Milion eine Sonnenuhr hinzu. Vermessung von Distanzen und Zeit – der kontemplative Betrachter des Milyon Taşı lässt die Jahrhunderte an sich vorbeiziehen und zückt dann sein Smartphone, um sich selbst zu orten.

Adresse Divan Yolu, Sultanahmet | **ÖPNV** Tram T 1, Haltestelle Sultanahmet | **Tipp**
Hagia Sophia: Das geometrische Zentrum der byzantinischen Welt steht gleich neben dem
religiösen. Touristische Top-Destination, Schlangestehen muss man in Kauf nehmen.

75__Miniatürk

Im Schnellgang durch die Türkei

Bis in die 1980er Jahre war das Goldene Horn weder golden noch blau, sondern eine trüb braune Sauce, kleinindustrielle Betriebe verpesteten die Luft bis hoch zu den heiligen Gräbern von Eyüp. Nach einer radikalen Putzaktion tuckern heute wieder Ausflugsboote übers Wasser, an den Ufern entstanden einladende Grünflächen. Auf einer von ihnen wurde 2003 der Freizeitpark »Miniatürk« eröffnet.

Auf 60.000 Quadratmetern sind rund 120 touristische Highlights im Maßstab 1:25 zu sehen, fast alle befinden sich in der heutigen Türkei, einige wenige außerhalb, aber immerhin noch innerhalb der Grenzen des untergegangenen Osmanischen Reiches. In wenigen Minuten spaziert man von der Selimiye-Moschee in Edirne an der griechischen Grenze zum İshak-Paşa-Palast bei Doğubeyazıt am Fuß des Ararats. Konya ist mit dem Mevlana-Heiligtum vertreten, Diyarbakır mit der Tigris-Brücke, Urfa mit dem heiligen Karpfenteich. Fast die Hälfte der Modelle hat ihr Original in Istanbul: von der Hagia Sophia bis zum Galaturm oder unter den neueren Bauten von der Bosporusbrücke bis zum Flughafen, wo neben den Maschinen der Turkish Airlines die neue »Miniatürk Airlines« ihren ersten Flieger geparkt hat.

Der Sonntagsausflug nach Miniatürk ist bei türkischen Familien beliebt, Väter erklären ihren Kindern, die kaum je aus Istanbul herausgekommen sind, die Welt, zumindest die türkische Geografie, soweit sie sie selber kennen. Liebespaare spazieren über die autofreie Bosporusbrücke oder posieren vor dem rekonstruierten Artemis-Tempel von Ephesos. Kinder freuen sich über das Bähnchen, das sie quer durch die Türkei transportiert, Jugendliche wie Erwachsene steigen in den »Flyrider« und fliegen im 3-D-Helikoptersimulator über das Land.

Schöner ist allemal der Spaziergang an der frischen Luft. Besorgen Sie sich zur Orientierung am Eingang den Miniatürk-Plan, auf dem jedes einzelne Highlight verzeichnet ist.

Adresse İmrahor Cad., Sütlüce | **ÖPNV** einfacher mit dem Taxi | **Öffnungszeiten** täglich 9–18 Uhr | **Tipp** Bootsfahrt nach Eyüp: Am Ausgang von Miniatürk stehen private Anbieter.

76__Mısır Apartmanı

Kunst vom Feinsten und oben Panorama-Gastronomie

In der glitzernden Hauptstraße von Beyoğlu fällt das schöne Haus trotz seiner Jugendstilfassade kaum auf. Gebaut wurde das Mısır Apartmanı (Ägyptisches Mietshaus) 1910 als Winterresidenz für den Sohn eines ägyptischen Prinzen. In republikanischer Zeit wurden luxuriöse Appartements eingerichtet, später hielt die Geschäftswelt Einzug. Die meisten Touristen beschränken sich – wenn sie das Haus überhaupt wahrnehmen – auf einen bewundernden Blick die Fassade hoch, zücken vielleicht die Kamera, alles im Kasten, und gehen weiter – man kann aber auch hineingehen.

In der 4. Etage ist »Pi Artworks« zu Hause, außer einem unscheinbaren Schild unten am Eingangstor macht die Kunstgalerie weiter nicht auf sich aufmerksam. Sie hat das nicht nötig, in Istanbuls Künstlerkreisen wird sie als Top-Adresse gehandelt: Wer hier ausstellen darf, ist auf dem Sprungbrett nach ganz oben. Die Rezeptionstheke am Eingang fällt kaum auf, so zurückhaltend ist man hier. Viel Platz ist nicht, der Raum wird meistens unterteilt. Nüchtern weiße Wände und eine professionelle Beleuchtung sind die besten Bedingungen, um die Werke zur Geltung zu bringen. Professionalität verraten auch die Informationsblätter und Broschüren, die Pi Artworks zu den Ausstellungen editiert. 2013 wurde eine Filiale in London eröffnet.

Auf dem Dach des Mısır Apartmanı findet man »360Istanbul«, ein luxuriöses Lokal. Der 360-Grad-Rundblick über die Stadt ist einmalig: zum Topkapı-Palast hinüber, vor der Nase auf Augenhöhe die Antoniuskirche, dahinter der Bosporus und der Çamlıca-Hügel mit seinen Sendemasten, auf dem 2013 die megalomane Moschee, ein Prestigeprojekt der derzeitigen Regierung, noch nicht zu sehen war. Zur anderen Seite gleitet der Blick über Beyoğlu hinweg auf das Goldene Horn. Das Restaurant serviert eine ausgezeichnete Slow-Food-Küche, drei gastronomische Menus zu astronomischen Preisen stehen zur Auswahl.

Adresse İstiklal Cad. 163, Galatasaray | **ÖPNV** Tünel-Bahn, obere Haltestelle; Metro M 2, Haltestelle Şişhane oder Taksim; Untergrund-Drahtseilbahn Taksim–Kabataş, obere Haltestelle | **Öffnungszeiten** Pi Artworks: Mo–Sa 10.30–19.30 Uhr | **Tipp** Buchhandlung Robinson Crusoe: sehr gut sortiert in den Bereichen Architektur und Kunst, auch fremdsprachige Bücher (İstiklal Cad. 195).

77___Das Museum der Unschuld

Ein Nobelpreisträger stellt seinen Roman aus

Am besten liest man den Roman vorab, »Das Museum der Unschuld« des türkischen Nobelpreisträgers Orhan Pamuk erschien 2008 in deutscher Sprache. Die vorherige Lektüre hat zwei Vorteile: Erstens sieht man hinterher das reale Museum mit ganz anderen Augen, zweitens findet man im Roman (in der Taschenbuchausgabe auf Seite 558) ein Eintrittsticket abgedruckt. Wer in der Çukurcuma-Straße mit dem Buch in der Hand an der Museumskasse steht, bekommt einen hübschen Schmetterling hineingestempelt: Eintritt bezahlt. Der Museumseintritt ist ungefähr so teuer wie der Roman selbst, also kann man genauso gut den Roman kaufen – entweder schon zu Hause, in der Türkisch-Deutschen Buchhandlung an der İstiklal-Straße oder erst im Museumsshop. Im letzten Fall wird man allerdings die 570 Seiten kaum gelesen haben, wenn man das Museum betritt.

Der Roman ist eine Liebesgeschichte, die quer durch Istanbuls Stadtteile und soziale Schichten führt. Kemal, der Held aus der betuchten Oberschicht, sollte eigentlich Sibel heiraten, es wäre eine standesgemäße Verbindung. Doch tritt die schöne Füsun in sein Leben, und das wirft alles durcheinander. Pamuk erzählt und sammelt zugleich die realen Gegenstände seiner Erzählung. Wenn der verliebte Kemal bei Füsuns Familie zu Besuch ist, entwendet er stets eine Kleinigkeit als Souvenir, die der Besucher im Museum wiederfindet. Alles, was Kemal mit Füsun verbindet, wird – den 83 Kapiteln des Romans folgend – in eng aneinandergebauten, alten Vitrinen untergebracht: Teegläser und noch mehr Rakıgläser, Postkarten, Geldscheine, eine Registrierkasse, eine Skizze über die anatomische Verortung des Liebesschmerzes.

Aus der Unschuld der Dingwelt lässt Pamuk das Istanbul seiner Kindheit aufleuchten. Knapp acht Jahre hat er am Roman gearbeitet, in ebenfalls knapp acht Jahren hat sein Held Kemal 4.213 Zigaretten geraucht – die Kippen sind in einer Vitrine zu sehen.

Adresse Çukurcuma Cad., Dalgıç Çıkmazı 2, Çukurcuma-Beyoğlu | **ÖPNV** Tram T 1, Haltestelle Tophane | **Öffnungszeiten** Di – Do und Sa / So 10 – 18 Uhr, Fr 10 – 21 Uhr | **Tipp** Kare-Deri: Dem Museum schräg gegenüber ist ein kleiner Laden, der Ledertaschen und Pergament verkauft. Alles Handarbeit und eigenes Design.

78__Die Neve-Shalom-Synagoge

Eine Geschichte von Terroranschlägen

Die Kontrollen sind strenger als an einem Flughafen. Wer die Neve-Shalom-Synagoge besuchen will, muss mindestens einen Tag vorher anrufen, gibt den gewünschten Termin an und lässt sich per E-Mail ein Besucherformular schicken (kann auch an das Hotel gefaxt werden). Dieses mailt oder faxt man ausgefüllt zurück. Dann findet man sich zum verabredeten Zeitpunkt vor der Synagoge ein. Dort wird man abgeholt, verschwindet mit dem Begleiter in einer Nebenstraße, in einem Nebeneingang, gibt den Pass ab, passiert schließlich die Sicherheitsschleuse und wird von der Führung in Empfang genommen. Keine Angst, es funktioniert alles reibungslos.

Die Sicherheitsmaßnahmen haben ihren Grund. Drei Mal seit ihrer Eröffnung 1951 war die Neve Shalom (Oase des Friedens), die auch Sitz des Istanbuler Oberrabbinats ist, Ziel terroristischer Anschläge: 1986 starben 22 Gläubige während eines Schabbatgebets im Kugelhagel, 1992 erfolgte ein Granatenangriff, 2003 forderte eine Autobombe zahlreiche Todesopfer und Verletzte, Teile der Synagoge waren zerstört.

Unter der beachtlichen Kuppel, die man von außen nicht sieht, hängt ein schwerer Kronleuchter. Mit 550 Plätzen – in der vordersten Reihe sieht man noch die Einschusslöcher des Anschlags von 1986 – ist die Neve Shalom die größte Synagoge der Stadt. Sie gehört zu den wenigen, in denen regelmäßig am Schabbat gebetet wird, und ist die einzige, die über eine Mikwe, ein Bad für die rituelle Reinigung, verfügt. Ein synagogeneigenes Depot sorgt für das dazu vorgeschriebene fließende Wasser.

Im Vorraum ist eine Gedenktafel für die Opfer der Anschläge angebracht, und schließlich endet die Führung in einem kleinen Museum. Zehn kostbare Thorarollen werden hier aufbewahrt, aber die meisten Besucher interessieren sich mehr für die prächtige Chuppa, den weißen Baldachin, unter dem jüdische Paare den Bund fürs Leben schließen.

Adresse Büyük Hendek Cad. 61, Tünel-Beyoğlu. Tel. 0212 / 2920386, Fax 0212 / 2920385, nevesalom@nevesalom.org | **ÖPNV** Metro M 2, Haltestelle Şişhane; Tünel-Bahn, obere Haltestelle | **Öffnungszeiten** Mo – Do 13 – 16 Uhr | **Tipp** Am Platz unter dem Galataturm sitzen und dem Leben zuschauen. Viele Touristen, viele Einheimische und fast keine Autos.

NEVE ŞALOM
SINAGOGU

79__Nicaeastone

Handmade in Istanbul statt China-Import

In den Passagen Beyoğlus geht viel Kitsch und Ramsch über den Ladentisch. Wer ein Souvenir sucht, tut gut daran zu kontrollieren, ob nicht ein verräterisches »Made in China« aufgedruckt ist. Ein sicherer Wert ist Nicaeastone. Zwar sieht auch dieser Keramikladen auf den ersten Blick verdächtig nach Nippes aus – ganz ohne Konzession an den Tourismus geht es auch hier nicht –, doch wer genauer hinsieht, wird schnell eines Besseren belehrt.

Yıldız İbram ist vom Fach. Die in Rumänien aufgewachsene Türkin hat Keramik in Bukarest studiert. »Nicaea« ist bei Kirchengeschichtlern für die theologischen Haarspaltereien des Nicäischen Konzils bekannt. Türkisch heißt die Stadt Iznik und ist die Kachel- und Keramikhauptstadt des Landes schlechthin. Produziert wurde dort zum ersten Mal im 15. Jahrhundert, damals noch unter dem Einfluss blau-weißer chinesischer Porzellanmalerei, später kamen mehr Farben hinzu, und neue Motive wurden entwickelt. Über Iznik-Kacheln, die zahlreiche Moscheen und Paläste zieren, wurden ganze Bücher geschrieben, ein Teil von ihnen steht im Regal von Yıldız İbram.

Nicaeastone ist klein: 80 Quadratmeter Fläche, auf zwei Etagen verteilt. Oben arbeitet ein Gehilfe an einer der beiden Töpferscheiben und überwacht den Brennofen. Unten, im Laden, werden Gebrauchskeramik, Schmuck und Kunst verkauft, vorosmanischseldschukisch inspiriert (schwarze Verzierung auf dunklem Blau), chinesisch (blau-weiß) oder nicäisch (mehrere Farben). Wenn kein Kunde da ist, setzt sich die zierliche Meisterin an den Tisch und führt mit sicherer Hand den Pinsel über die noch nackte Töpferware. Wer das Glück hat, ihr zuzuschauen, begreift erstens Karl Valentins nüchterne Festellung, dass Kunst schön sei, aber viel Arbeit mache, und zweitens auch das Schild, das im Laden prangt: »Alles handgemacht, bitte nicht handeln«. Arbeit ist kein Verhandlungsgegenstand.

Adresse İstiklal Cad. 116/3C, Hazzopulo Pasajı, Galatasaray-Beyoğlu | **ÖPNV** Metro M2, Haltestelle Şişhane oder Taksim; Tünel-Bahn, obere Haltestelle; Untergrund-Draht-seilbahn Taksim – Kabataş, obere Haltestelle | **Tipp** Gleich neben dem Laden Tee trinken. Man sitzt auf kleinen Hockern und beobachtet eine lebhafte Szenerie.

80__Nimet Abla

Die Lottokönigin

Wer kennt sie nicht, die meist alten Männer und Frauen, die an Istanbuls Straßenecken Lotterielose feilbieten? An ihrer Mütze prangt das Schild »Milli Piyango«, so heißt die nationale Lotterie. Piyango leitet sich vom italienischen »bianco« (weiß) ab. Den einen zufolge hat ein Signore Bianco das Glücksspiel in der Türkei eingeführt, andere führen das Weiß auf eine antike Methode der Wahrheitsfindung zurück: Wer einen schwarzen Stein zog, hatte Pech, war verurteilt, ein weißer Stein hingegen bedeutete Glück. Wie auch immer, Istanbuls Losverkäufer machen kein glückliches Gesicht, das große Los scheinen sie nicht gezogen zu haben.

Die 1899 geborene Melek Nimet Özden, die als »Nimet Abla« (Schwester Nimet) in die Annalen der türkischen Lotteriegeschichte einging, wartete nicht auf das große Los, sondern nahm ihr Schicksal lieber selbst in die Hand.

1928 begann sie als Losverkäuferin, 1970 hatte sie damit bereits genug erwirtschaftet, um eine Moschee zu stiften, 1978 starb die berühmte Dame. Ihr Erfolg beruhte auf einem einfachen Kalkül: Wo mehr Lose verkauft werden, ist die Chance größer, dass auch ein großes Los gezogen wird. Proportional gesehen geht das natürlich nicht auf, absolut gesehen aber schon. Nimet Abla kaufte und verkaufte immer mehr Lose, und immer öfter hieß es, wenn das große Los fiel: »Schon wieder bei Nimet Abla!« Also rannten noch mehr Glückssucher zu Nimet, die noch mehr Lose kaufte und verkaufte und so von einer seltsamen ökonomischen Eigendynamik profitierte.

Mitten im Menschengewühl von Eminönü verkaufen heute Nimet Ablas Erben die Lose – nicht als traurige Einzelverkäufer am Straßenrand, sondern in einem Häuschen mit sechs Schaltern, jeder mit Computer versehen, geschmückt mit Fotos und Medaillons der legendären Lottokönigin. Tipp für Glücksritter: Große Ausschüttungen finden stets vor Feiertagen statt. Dann ist die Warteschlange besonders lang.

Adresse Arpacılar Cad. 12, Eminönü. Möglicherweise muss das Nimet-Abla-Häuschen demnächst umziehen – wegen seiner Nähe zur Moschee. | **ÖPNV** Tram T 1, Haltestelle Eminönü; Schiff, Anlegestelle Eminönü | **Tipp** Yeni Cami: Die Moschee mit den vielen Tauben auf dem Platz, die trotz ihres Baujahrs 1597 »Neue Moschee« heißt, zeigt innen wunderschöne grüne Fayencen.

81 — Das Opernhaus Süreyya

Buxtehuder Klänge in Kadıköy

Opernhäuser befinden sich meist im Stadtzentrum. Nicht so in Istanbul. Zwar wurden bis vor einigen Jahren noch Opern im Atatürk-Kulturzentrum am Taksim-Platz aufgeführt, doch ein Haus für Musiktheater kann man das nicht nennen. Das einzige Opernhaus, das diesen Namen verdient, befindet sich auf der asiatischen Seite, in Kadıköy.

Die »Süreyya Opera Sahnesi« trägt den Namen ihres Erbauers. İlmen Süreyya, Offizier, Politiker und Geschäftsmann, wollte der Bevölkerung von Kadıköy ein Theater stiften und ließ sich beim Bau vom Art-déco-Stil des Pariser »Théâtre des Champs-Élysées« inspirieren. Im Jahr 1927 wurde es feierlich eröffnet, das stattliche Haus machte auch im Inneren etwas her: unten ein großer Theatersaal mit Deckenmalereien, oben ein Ballraum. Der einzige Makel bestand darin, dass das Haus technisch für Theater- oder gar Opernaufführungen nicht ausgerüstet war. Es fanden Kulturveranstaltungen und Hochzeitsfeiern statt, und bald schon wurde das Haus zum Kino »Süreyya«. 1950 schenkte İlmen Süreyya das Gebäude einer karitativen Stiftung, die auch heute noch Besitzerin ist, 2006 aber per Vertrag für 40 Jahre der Gemeinde Kadıköy die Nutzung überließ. Die Gemeinde ihrerseits sorgte für eine umfassende Renovierung.

Seit 2007 ist das »Süreyya« ein richtiges Opernhaus mit Orchestergraben und allen bühnentechnischen Einrichtungen, die für ein professionelles Musiktheater notwendig sind. Im Inneren sind die originalen Deckenmalereien aufgefrischt, die 570 Sitzplätze inklusive der Logen neu bezogen. Im Programm stehen Opern, Ballettaufführungen und Konzerte – Kinos gibt's in Kadıköy mittlerweile genug. Die Staatliche Oper Istanbul tritt ausschließlich hier auf. Neben einheimischen Ensembles gastieren im Konzertbereich auch ausländische Künstler. Das Eröffnungskonzert für die Saison 2013/2014 bestritt das Jugend-Sinfonie-Orchester Buxtehude.

82 Die Osmanischen Gärten

Bellende Hunde an der Stadtmauer

Gelegentlich schaut in Yedikule eine Touristengruppe vorbei und lässt sich vom Reiseleiter die Ruine der siebentürmigen Festung erklären. Die Anlage ist Teil der Theodosianischen Landmauer aus dem 5. Jahrhundert, mit der die Byzantiner ihre Stadt gegen Feinde abriegelten. Und bestimmt zeigt der Reiseleiter auch auf das Goldene Tor, eine goldlose Pforte im Gemäuer, durch die das byzantinische Heer nach siegreichen Feldzügen unter dem Jubel der Bevölkerung in die Stadt einritt.

Nur selten gehen die Besucher ein paar Schritte weiter und schauen hinter die Mauer. Dort wird auf einem schmalen Streifen – viel mehr lässt heute die stark befahrene Straße nicht zu – seit Jahrhunderten Landwirtschaft betrieben. Die langen Gartenparzellen erinnern ein wenig an Schrebergärten. Das alte Bewässerungssystem aus osmanischer Zeit funktioniert noch. Tomaten, Gurken und Salate werden angepflanzt, ein Unterstand für das Gärtnerwerkzeug ist auch da und nicht selten ein zähnefletschender Wachhund.

In jüngster Zeit bellen die Hunde oft. Der Regierung will der traditionsreichen Gartenkultur den Garaus machen. Die Mauer liegt längst nicht mehr am Stadtrand, die Verkehrsverbindungen sind gut, Immobilienspekulanten haben die Lage entdeckt. Neue Luxuswohnungen werfen mehr ab als Gurken und Paprikaschoten, die ersten Gärten sind bereits platt gewalzt. Archäologen schlagen Alarm, vernünftige Stadtplaner und die Architektenkammer sind entsetzt, die Gärtner wütend. Eine Bürgerinitiative hat sich gebildet. Was 2013 mit Massenprotesten gegen das Fällen der Bäume im zentralen Gezi-Park begonnen hat, könnte durchaus an der Landmauer eine Fortsetzung finden. Dass die Regierung Konflikte eher provoziert als scheut, hat sie bewiesen.

Wer sich auf einen längeren Mauerspaziergang begibt, wird auch an anderen Stellen noch auf die wunderbaren Osmanischen Gärten hinuntersehen können – noch.

Adresse Yedikule | **ÖPNV** Vorortsbahn Sirkeci – Halkalı, Haltestelle Yedikule | **Tipp**
Yedikule: Die alte byzantinische Festung, später von den Osmanen erweitert, wird selten
aufgesucht. Neben der Goldenen Pforte gibt es auch düstere Verliese.

83　Panorama 1453

Kanonendonner an der Mauer

Die Theodosianische Landmauer, die sich vom Goldenen Horn bis zum Marmarameer zieht, gehört noch heute zu den imposantesten Bauwerken der Stadt. Sie hatte schon über tausend Jahre lang erfolgreich allen byzantinischen Feinden getrotzt, als im April 1453 Sultan Mehmed II. mit einem riesigen Heer zur Belagerung ansetzte. Heute ist direkt an der Mauer ein riesiges Panorama zu sehen, das den historischen Moment der Eroberung von Konstantinopel, der den Untergang des Byzantinischen Reiches besiegelte, in einer spektakulären Form präsentiert. Der Besucher tut gut daran, sich vorab im Untergeschoss mit einem Audioguide (auch auf Deutsch) an den Schautafeln über die geschichtlichen Zusammenhänge zu informieren.

Der anschließende Gang unter die Kuppel führt den Betrachter mitten ins Kriegsgeschehen. Man steht auf sicherem Holz, davor ein erdiger Boden, der sich irgendwo in einem gigantischen Trompe-l'œil-Gemälde verliert. Rund 10.000 Figuren, die hintersten verschwindend klein am Horizont, sind beteiligt. Im Vordergrund, im roten Mantel auf einem Schimmel reitend, weist Sultan Mehmed II. mit gestrecktem Arm auf die zu erobernde Stadt. Die Mauer zeigt bereits eine gewaltige Bresche, auf Rollen werden Holztürme herangefahren, auf denen die Türken hochklettern. Die ersten sind schon oben auf der Palisade, die osmanische Flagge ist bereits gehisst, der byzantinische Doppeladler wird gerade heruntergerissen. Oben verschießen die Byzantiner ihre letzten Pfeile, unten werden Pulverfässer herangerollt und Kanonen für riesige Kugeln in Stellung gebracht.

Das dramatische »Panorama 1453« greift eine Tradition auf, die in Westeuropa Anfang des 20. Jahrhunderts beliebt war und in jüngster Zeit ein Revival erlebt. In Istanbul ist ein perfektes Beispiel dieser Kunst zwischen zwei und drei Dimensionen entstanden, die vierte Dimension ist die passende Geräuschkulisse.

Adresse Topkapı Kültür Parkı, Topkapı-Zeytinburnu | **ÖPNV** Metro M 1, Haltestelle Topkapı-Ulubatlı | **Öffnungszeiten** täglich 9 – 18.30 Uhr | **Tipp** Mauerspaziergang: Am besten bis zum Goldenen Horn, unterwegs kommt man an der restaurierten Ruine des byzantinischen Tekfur-Palastes vorbei.

84 Die Pantokratorkirche

Drei Kirchen, eine Moschee und eine Oberpfälzerin

Die UNESCO zeigte den Drohfinger: Sie setzte die 1985 in die Liste des Welterbes aufgenommene Pantokratorkirche auf die Liste der gefährdeten Denkmäler. Die türkischen Behörden nahmen den Fingerzeig ernst, die umfassenden Restaurierungsarbeiten dürften 2014 abgeschlossen sein.

Dann wird man in der Molla-Zeyrek-Moschee wieder die drei Kirchen sehen, die zu byzantinischen Zeiten das Herzstück des Pantokratorklosters waren. Die Südkirche ließ Kaiserin Eirene Komnena bauen. Nach deren Tod 1134 errichtete Witwer Kaiser Johannes II. Komnenos parallel dazu die Nordkirche, und 1136 füllte man den Zwischenraum mit einer dritten Kirche aus, die der Komnenen-Dynastie als Grabkapelle dienen sollte. Anfang des 13. Jahrhunderts eroberten Kreuzritter die Stadt, richteten unter fränkischer Herrschaft das Lateinische Kaiserreich ein und zerstörten den Kirchenkomplex, der erst nach dem Ende der Lateiner (1264) wiederaufgebaut wurde. Nach der Eroberung Konstantinopels diente das Kirchentrio noch eine Zeit lang als Werkstatt für Tuch- und Schuhmacher, bevor es zur Moschee umgebaut wurde, die zu Ehren eines lokalen Predigers den Namen Molla Zeyrek Cami bekam. Die byzantinischen Gräber wurden beim Umbau zerstört.

Unter den Gräbern befand sich auch jenes der Oberpfälzerin Bertha von Sulzbach. Die Dame war eine Schwägerin des Stauferkönigs Konrad III., der mit Kaiser Johannes II. eine politische Zweckehe aushandelte: Bertha sollte Manuel I. heiraten, den Sohn des byzantinischen Kaisers. Die Oberpfälzerin traf 1142 in Konstantinopel ein, 1143 starb der Kaiser auf einer Eberjagd, und Manuel I. trat die Nachfolge an. Drei Jahre lang ließ er Bertha warten, dann ehelichte er sie doch noch, und Bertha von Sulzbach nannte sich fortan Kaiserin Irene. Quellen berichten, dass sie nach ihrer dreijährigen Wartezeit das Spiel der byzantinischen Hofintrigen perfekt beherrschte.

Adresse İbadethane Sok., Zeyrek-Fatih | **ÖPNV** einfacher mit dem Taxi | **Tipp** Restaurant Zeyrekhane, direkt neben der Pantokratorkirche in einem restaurierten osmanischen Konak (stattliches Wohnhaus). Die wunderbare Aussicht von der Panorama-Terrasse des Restaurants genießt man am besten zusammen mit gefüllten Mangoldblättern.

85 Das Pierre-Loti-Teehaus

Wo der Romantiker von einer schönen Türkin träumte

Der französische Schriftsteller Pierre Loti (1850–1923), ein exzentrischer Romantiker, kam zum ersten Mal 1876 als Marineoffizier an den Bosporus und verliebte sich in eine leider bereits verheiratete Türkin namens Hatice. In seinem Roman heißt sie Aziyadé, und Literaturkritiker streiten noch heute darüber, ob die schöne Türkin nicht ein schöner Türke war. In der Folge kam Loti noch oft nach Istanbul, er liebte die Türkei, wie er Aziyadé geliebt hatte, verkleidete sich gerne als Türke, saß in den Teehäusern und sog an der Nargile. Mit der Moderne konnte er nichts anfangen. Als der erste Orientexpress 1889 in Istanbul einfuhr, schimpfte er, fortan würden am Bahnhof Touristen ausgespuckt – er wäre wohl am liebsten der einzige geblieben. Loti hat dem untergehenden Osmanischen Reich eine literarische Schminke verpasst. Viele Türken sind ihm heute noch dankbar dafür. Kritischere Geister wie der berühmte Dichter Nâzım Hikmet fanden seine ahistorische Türkophilie ganz einfach reaktionär.

Besonders gern hielt sich der Franzose auf einem Hügel über Eyüp auf. Ebu Eyyûb el-Ensarî, dem zu Ehren der Stadtteil benannt ist, war der Bannerträger Mohammeds und fiel im 7. Jahrhundert bei einem gescheiterten Versuch der Araber, Konstantinopel zu erobern. Um sein angebliches Grab entstand ein Pilgerbezirk, und da ein eigenes Grab in der Nähe eines Heiligen vielleicht vorteilhaft ist, ziehen sich große Friedhöfe den Hang hoch. Heute fährt eine Gondelbahn auf den Loti-Hügel, aus luftiger Höhe blickt man auf die Friedhöfe hinunter. Für den Rückweg bietet sich ein angenehmer Spaziergang durch die Friedhofsterrassen hinunter nach Eyüp an.

Oben steht das nur selten aufgesuchte, historische Teehaus mit zahlreichen Fotos von Pierre Loti, der stets gerne posierte. Größeren Zuspruch findet der wunderschöne Teegarten darunter. Der Blick gleitet über das Goldene Horn bis zum Galataturm.

Adresse Balmumcu Sok., Eyüp | **ÖPNV** Schiff, Anlegestelle Eyüp, von der Uferstraße mit der Gondelbahn nach oben | **Tipp** Spaziergang: Über den Friedhof hinunter in den heiligen Bezirk mit einem eigenen Schlachtraum, wo der fromme Muslim sein Lamm abgibt und bei der rituellen Opferung zuschauen kann.

86__Der Pudding Shop

Einst Meeting Point auf dem Weg nach Kathmandu

»Pudding Shop« steht groß geschrieben, darunter diskreter der alte Name »Lale Restaurant« und daneben im Medaillon »world famous«. Ein Foto von Bill Clinton hängt im Schaufenster. Der war auch da. »Das war im Jahr 2000«, behauptet der Wirt. Im Jahr 2000 war Clinton noch Präsident der USA und der Pudding Shop schon eine Legende.

Vielleicht war der Präsident ja wirklich da, und sei es, um nachzusehen, was er 30 Jahre zuvor als Student verpasst hatte. In den späten 1960er und in den 1970er Jahren war der Pudding Shop ein Treffpunkt für junge Amerikaner und Westeuropäer. Meist waren es Rucksacktouristen mit wenig Geld. Istanbul war nicht ihr Ziel, sie wollten weiter: nach Afghanistan, Indien oder Nepal, die Amerikaner auf jeden Fall nicht nach Vietnam. Besser als Krieg war ein friedlicher Marihuana-Rausch oder ganz einfach Liebe. John Lennon komprimierte 1967 das Programm der Hippie-Bewegung auf fünf Wörter: »All You Need is Love«.

Fliegen war zu teuer, also machte man sich per Zug, Autostopp oder im zerbeulten VW-Bus auf den Landweg, und der führte zwangsläufig nach Istanbul, wo der Pudding Shop bald zum informellen Reisezentrum wurde. Hier konnte man erfahren, wann ein Bus nach Teheran, New Delhi oder Kabul fuhr, Botschaften für Freunde an die Wand pinnen, Erfahrungen austauschen und Tipps bekommen – »Lonely Planet« war noch nicht geboren – und nebenbei auch noch preiswert etwas zu sich nehmen.

Heute kommen die jungen Leute mit dem Billigflieger nach Istanbul, die Stadt ist nicht mehr ein Zwischenstopp, sondern Ziel der Reise selbst. Informationen liefert der Individualreiseführer oder das App auf dem Smartphone. Den Pudding Shop braucht es nicht mehr. Aber es gibt ihn noch, auch »Tavuk Göğsü« gibt es noch, eine Art Pudding aus Hühnerbrust. Die Qualität ist durchschnittlich, die Preise sind überdurchschnittlich. Bill Clinton lächelt, der Rest ist Legende …

Adresse Divan Yolu 6, Sultanahmet | **ÖPNV** Tram T 1, Haltestelle Sultanahmet | **Tipp**
Schräg gegenüber liegt die berühmte Blaue Moschee.

87 Die Quelle der Blachernen

Ein Deziliter heiliges Wasser

Im 12. Jahrhundert geht es dem byzantinischen Reich schlecht. Die starken Seemächte Venedig und Genua machen sich in der Stadt breit, die Kreuzfahrerheere sind eine weitere Bedrohung. Damals verließen die byzantinischen Kaiser ihren großen Palast neben dem alten Hippodrom und bauten im Norden der Stadt das Viertel der Blachernen zu ihrer Residenz aus. Bei der Eroberung Konstantinopels 1453 wurden die Blachernen dem Erdboden gleichgemacht. Wer an der Landmauer entlangspaziert, stößt noch auf die restaurierte Ruine des »Tekfur-Palastes«, der einst Teil der riesigen Residenz war.

Im Stadtteil der Blachernen – heute eine ziemlich ärmliche Gegend, in der zahlreiche Roma wohnen – findet sich eine kleine Oase rund um ein Quellheiligtum aus vorchristlicher Zeit, die »Quelle der Blachernen«. Die Christen bauten ihre Kirchen oft über einem heidnischen Kultort, sei es, um diesen zu verdrängen oder ganz einfach zu vereinnahmen. Über der Quelle der Blachernen stand bereits im 5. Jahrhundert eine viel besuchte Pilgerkirche, die ein Jahrtausend später abbrannte. Byzantinische Kaiser und Kaiserinnen kamen hierher, um das heilige Wasser zu trinken, und wir wollen nicht anstehen, dasselbe zu tun.

Ein eisernes Tor führt zu einer kleinen, ummauerten, gepflegten Grünanlage, die heute von der griechisch-orthodoxen Gemeinde unterhalten wird. An deren Ende steht die Nachfolgerin der alten Pilgerkirche, eine moderne Marienkirche, die man durch eine Vorhalle seitlich betritt. Die Kirche hat nichts Spektakuläres, aber an der rechten Seitenwand finden wir fünf Wasserhähne, die sich aufdrehen lassen. Davor steht eine Reihe PET-Fläschchen, das Wasser ist bereits abgefüllt, deziliterweise. Wir legen einen Obolus hin und greifen zu. Das sakrale Wasser der Blachernen schmeckt wie anderes Quellwasser auch. Im Hof steht ein Behälter für die leeren PET-Fläschchen – entsorgt wird korrekt.

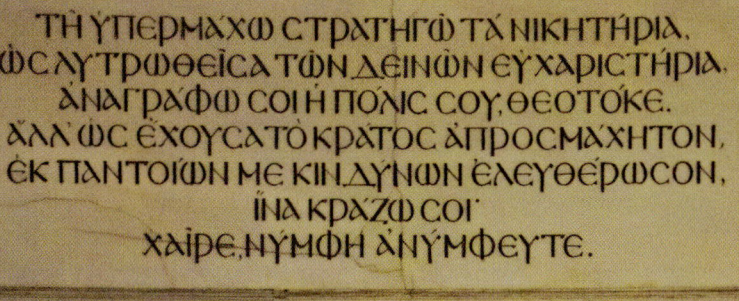

ΤΗ ΥΠΕΡΜΑΧΩ ϹΤΡΑΤΗΓΩ ΤΑ ΝΙΚΗΤΗΡΙΑ,
ΩϹ ΛΥΤΡΩΘΕΙϹΑ ΤΩΝ ΔΕΙΝΩΝ ΕΥΧΑΡΙϹΤΗΡΙΑ,
ΑΝΑΓΡΑΦΩ ϹΟΙ Η ΠΟΛΙϹ ϹΟΥ, ΘΕΟΤΟΚΕ.
ΑΛΛ ΩϹ ΕΧΟΥϹΑ ΤΟ ΚΡΑΤΟϹ ΑΠΡΟϹΜΑΧΗΤΟΝ,
ΕΚ ΠΑΝΤΟΙΩΝ ΜΕ ΚΙΝΔΥΝΩΝ ΕΛΕΥΘΕΡΩϹΟΝ,
ΙΝΑ ΚΡΑΖΩ ϹΟΙ·
ΧΑΙΡΕ, ΝΥΜΦΗ ΑΝΥΜΦΕΥΤΕ.

Adresse Ayvansaray Kuyu Sok., Ayvansaray | **ÖPNV** Schiff, Anlegestelle Ayvansaray | **Tipp** Anemas-Kerker: Etwas oberhalb der Quelle. Das staatliche Gefängnis war Teil des Blachernen-Palastes, die Insassen waren in erster Linie unliebsame Bürokraten.

ΝΙΨΟΝ ΑΝΟΜΗΜΑΤΑ ΜΗ ΜΟΝΑΝ ΟΨΙΝ

ΕΙΣ ΑΙΩΝΙΑΝ ΜΝΗΜΗΝ
ΠΡΟΣΦΙΛΩΝ ΜΟΙ ΝΕΚΡΩΝ
Σ. ΣΑΡΑΝΤΙΔΗΣ

88 __ Der Russische Markt
Stoffballen im Hoteleingang

In Lâleli kann es passieren, dass Sie in einem Schaufenster eine preiswerte Jeansjacke sehen, und wenn Sie diese kaufen wollen, fragt der Verkäufer: »Wieviel? 50? 100?« Er meint nicht Lira, sondern Jacken. Hier denkt man nämlich im großen Maßstab. Das hat mit den Russen zu tun. Nach dem Zerfall des Sowjetimperiums haben findige Händler aus Kiew, Minsk und Moskau den Dreh rausgekriegt: in der Türkei einkaufen, auf dem russischen Markt verkaufen. Bei der Ware handelt es sich in der Hauptsache um Textilien, die sind in der Türkei immer noch spottbillig zu haben: Stoffrollen, Jeansjacken, Bettwäsche, Abendroben und mehr.

In Lâleli, wo der Textilhandel traditionell schon immer zu Hause war, blühen die Geschäfte. Meistens sind drei Personen beteiligt: ein Türke, der en gros verkauft, ein Russe, der en gros einkauft, und der »Hamal«, der für ein Trinkgeld die Ware mit dem »Semer« genannten Tragegestell auf dem gekrümmten Rücken zum Hotel schafft.

Wer mit offenen Augen durch Lâleli streift, sieht Busse mit russischen oder weißrussischen Kennzeichen. Aus dem ukrainischen Odessa durchpflügt wöchentlich zweimal ein riesiges Schiff das Schwarze Meer und ankert in Karaköy. Die Passagiere sind nicht Touristen, sondern Einkäufer, die auf dem Schiff übernachten und am nächsten Tag wieder zurück nach Odessa fahren. Einige Hotels in Lâleli schreiben den Rubelkurs neben die Zimmerpreise, Läden werben in kyrillischen Lettern und hängen ein Schild ins Fenster: »Ruble ile satış yapılır« (Hier kann in Rubel bezahlt werden). Lastenträger sieht man hier so viele wie sonst nur auf dem großen Basar, in den Hotelfoyers stapelt sich die Ware. Und dann gibt's noch die vielen blonden oder aufgeblondeten Frauen in Lâlelis Straßen – Russinnen, in jeder Hand drei zum Bersten gefüllte Tragetaschen – Handgepäck sozusagen –, aber bestimmt lässt sich auch das in der Heimat verkaufen.

Adresse Lâleli | **ÖPNV** Tram T 1, Haltestelle Lâleli | **Tipp** Hotel Crowne Plaza: Das gelbe Haus war die erste Sozialwohnung der Türkei – für die Brandopfer von Aksaray 1918. Heute ein 5-Sterne-Betrieb (Fethi Bey Cad. 10).

89__Die Rüstem-Paşa-Moschee

Alle Wege führen nach Mekka

Mitten im Gewühl des Händlerviertels Tahtakale neben dem Ägyptischen Basar steht eine der schönsten Moscheen Istanbuls, Fremde suchen sie nur selten auf. Unten an der Mauer der Moschee sitzen die Ärmsten der Armen und versuchen ein paar alte, gebrauchte Schuhe zu verkaufen. Sie scheinen seit Jahren Tag für Tag hierherzukommen, ohne Hoffnung, dass die Schuhe je einen Abnehmer finden. Und so sitzen sie vermutlich auch morgen und übermorgen wieder hier, schicksalsergeben oder aus purer Gewohnheit. An ihnen vorbei gelangt man über eine Treppe im düsteren Gemäuer nach oben und steht plötzlich auf einer hellen Terrasse, dem Vorhof der Moschee.

Rüstem Paşa, der den berühmten Sinan mit dem Bau beauftragte, war Großwesir unter Süleyman dem Prächtigen und gleichzeitig dessen Schwiegersohn. Historiker beschreiben ihn nicht nur als Meister der Intrige – der höchsten aller höfischen Künste und dem eigenen Überleben dienlich –, sondern auch als erfolgreichen Finanzminister, der es nebenbei verstand, seine eigenen Taschen zu füllen. Beim Bau der Moschee jedenfalls, die erst nach seinem Tod 1561 fertiggestellt war, ließ er sich nicht lumpen. Die Kachelkunst von Iznik stand damals in ihrer Blütezeit, und die dortigen Werkstätten lieferten das Beste vom Besten. Schon die Mauer links und rechts des Eingangs ist beeindruckend, zwischen den sich wiederholenden Motiven fällt ein »Baum des Lebens« auf. Im Inneren der Moschee sind die Wände im unteren Teil komplett mit Iznik-Kacheln verkleidet. Das Auge verliert sich im blau-rot-weißen Dekor.

Wer hinterher wieder ins Freie tritt, sieht sich gern nochmals die Außenwand an. Vielleicht entdeckt er erst jetzt, dass eine Kachel völlig aus dem Rahmen fällt. Sie wirkt wie nachträglich auf das blaugrüne Blumendekor aufgeklebt, Häuser und Minarette sind auf das Zentrum ausgerichtet, dort ist die Kaaba zu sehen – alle Wege führen nach Mekka.

Adresse Hasırcılar Cad., Eminönü | **ÖPNV** Tram T 1, Haltestelle Eminönü; Schiff, Anlege-
stelle Eminönü | **Tipp** Einfach durch die zahllosen Marktgässchen hinter der Moschee
streunen. Irgendwann steht man bestimmt auf einer größeren Straße, die aufwärts zum
berühmten Basar führt.

90__Das Sait-Faik-Museum

Mutmaßungen über die Einsamkeit des Bohemiens

Der Mann unter dem Bäumchen vor dem Haus macht stutzig: Er ist nicht aus Gips oder Marmor, sondern aus Holz und so naturalistisch, dass man zwei Mal hinschaut, um sich zu vergewissern, ob er sich nicht doch bewegt. Ein schlanker, elegant gekleideter Mann, ein ernstes Gesicht, die Hand am Kinn.

Die nachdenkliche Haltung, die Sait Faik Abasıyanık (1906 bis 1954) einnimmt, ist nur eine Seite seiner schillernden Persönlichkeit. Er galt als unruhiger Geist, der gerne in Kaffeehäusern herumsaß, ein Bohemien, ein Müßiggänger, der durchs Leben streunte und zu tief ins Rakıglas schaute, statt zu arbeiten. Bekannt geworden ist Sait Faik durch seine Kurzgeschichten. Er zählt zu den wichtigsten Erneuerern dieser Gattung in der türkischen Literatur. Seine Geschichten sind Splitter aus dem pulsierenden Leben im damals noch kosmopolitischen Istanbul, oft schnell dahingeworfen, stets scharf beobachtet. Der Beobachter steht mittendrin und doch abseits, der Preis für die genaue Beobachtung ist die Einsamkeit des Beobachtenden. Vielleicht ist es das, was die Holzplastik uns sagen will.

Sait Faik stammte aus wohlhabenden Kreisen, studierte Literaturwissenschaft, ging nach Frankreich, kam nach Istanbul zurück, arbeitete gelegentlich, aber ohne eine geregelte Arbeit aufzunehmen. Das Haus auf Burgaz Adası war zunächst sein Sommersitz, später zog er sich ganz auf die Insel zurück, widmete sich seinen Beobachtungen, dem Schreiben, dem Fischen und dem Alkohol.

Das Haus wurde kürzlich einer Restaurierung unterzogen. Bei dieser Gelegenheit wurde auch die Dokumentationsausstellung in eine zeitgemäßere Form gebracht: Wer kein Türkisch versteht, geht vielleicht etwas schneller durch die Räume nach oben. In der kleinen Mansarde steht ein Sessel, von dem aus man über eine griechische Kirche hinweg auf das Meer sieht. Er könnte der Lieblingsplatz von Sait Faik gewesen sein.

Adresse Çayır Sok. 15, Burgaz Adası | **ÖPNV** Schiff, Haltestelle Burgaz Adası | **Öffnungs-zeiten** Fr–So 10–18.30 Uhr | **Tipp** Restaurant Barba: Das rote Lokal am Kai hat eine ausgezeichnete Fischküche.

91 Salt Galata
In den Kerkern des Geldes

Als die Garanti-Bank 2001 die altehrwürdige Ottomanische Bank von einer Holding übernahm, war das ein ziemlich großer Brocken. Ein Jahr später war der Bestand gesichtet, und am Hauptsitz der einstigen Osmanenbank wurde ein Bankenmuseum eingerichtet. 2011 bündelte die Garanti-Bank ihre bisherigen kulturellen Aktivitäten und gründete »Salt«. Die Direktion der neuen Institution wurde Vasıf Kortun übertragen, und damit tat die Bank einen guten Griff. Kortun ist ein begnadeter, innovativer Kurator mit internationaler Erfahrung. Derzeit gibt es drei Salt-Einrichtungen – zwei in Istanbul und eine in Ankara –, die seine Handschrift tragen.

Die Neugestaltung des Hauptsitzes der Ottomanischen Bank zum Bankenmuseum mit Forschungszentrum, Bibliothek, Buchhandlung und Café ist ein großer Wurf. Die Fassade des Hauses wurde nicht angetastet. Der von Alexandre Vallaury, einem Architekten französischer Abstammung, im eklektischen Stil der Zeit errichtete, symmetrische Bau bleibt weiterhin ein Blickfang der Bankenstraße. Auch die alte Holzdrehtür am Eingang und die Galerien auf den Etagen wurden belassen. Neu hingegen ist die großzügige Verglasung zum Goldenen Horn hin.

Im Keller erzählt das Haus seine eigene Geschichte. Die 1856 gegründete Bank sollte mit fremden Geldern dem maroden osmanischen Staat unter die Arme greifen. Von den 135.000 Gründungsaktien waren 80.000 in englischer und 50.000 in französischer Hand, die Türken stellten mit 5.000 Aktien nur 3,7 Prozent des Kapitals. Später wurde die Bank verstaatlicht und gab Banknoten heraus, ein Privileg, das die Republikaner 1935 der von ihnen gegründeten Türkischen Zentralbank übertrugen. Dass die türkische Bankengeschichte auch ein Stück Sozialgeschichte ist, erfährt der Besucher im bewusst düster gehaltenen Keller, wo hinter jeder schweren Eisentür, die man zu den Tresorräumen aufstößt, die papiernen Beweise lagern.

Adresse Bankalar Cad. 15, Karaköy | **ÖPNV** Tram T 1, Haltestelle Karaköy | **Öffnungs-zeiten** Di−Sa 12−20 Uhr, So 12−18 Uhr | **Tipp** Die Bankalar Caddesi ist nicht sehr lang, zeigt aber imposante Fassaden – und zählen Sie einmal die Banken, die heute noch da sind.

92_ Das Sapphire-Hochhaus

Wo Istanbul die Wolken kratzt

In den 1990er Jahren machte Istanbul eine rasante Entwicklung durch. Ganze Stadtteile wurden aus dem Nichts hochgezogen, moderne Shopping Malls entstanden. Die Wirtschaft boomte, das gewachsene Selbstbewusstsein der Türkei manifestierte sich vor allem im Stadtteil Levent. Hier entstand das neue Finanzzentrum, die reich gewordenen Banken stürmten buchstäblich himmelwärts und übertrumpften sich gegenseitig mit Wolkenkratzern. Die entstandene Skyline ist beachtlich.

Das 2011 fertiggestellte Sapphire-Hochhaus zählt 64 Stockwerke und ist mit 261 Metern Höhe, Antenne inklusive, der Spitzenreiter der Giganten. Es ist das höchste Gebäude der ganzen Türkei und zeigt eine durchaus elegante Architektur. Besitzer ist die Kiler Holding, deren Kerngeschäft der Lebensmittelhandel ist. Böse Zungen behaupten, dass ihre Nähe zur islamophilen Regierungspartei sich umsatzsteigernd ausgewirkt hätte. Tatsache ist, dass im riesigen Einkaufszentrum, das sich unten im Sapphire-Turm befindet, kein Tropfen Alkohol zu finden ist.

Mit dem Lift sind wir in weniger als einer Minute auf der Aussichtsterrasse auf 236 Metern Höhe und genießen eine Aussicht, die nichts zu wünschen übrig lässt. Bei gutem Wetter reicht der Blick vom Schwarzen Meer auf der einen Seite bis zum Marmarameer auf der anderen. Tafeln verraten, in welcher Richtung liegt, was man nicht sieht: St. Petersburg 2.678 Kilometer, Kapstadt 9.199 Kilometer. Wir befinden uns ungefähr in der Mitte zwischen Kiew und Kairo – auf jeden Fall am Nabel der Welt. Nach einem ersten Rundgang erholt man sich am besten im windigen »Café Vista« auf der Terasse und lässt von hier aus den Blick über die Dächer der Stadt schweifen. Wem das aufregende Panorama nicht genug Kitzel bietet, der findet die Lösung im »Skyride« und startet vom Dach des Wolkenkratzers aus im 4-D-Flugsimulator zu einer Tour über die Stadtteile Istanbuls.

Adresse Büyükdere Cad. 1, Levent | **ÖPNV** Metro M 2, Haltestelle 4. Levent | **Öffnungs-zeiten** täglich 10 – 22 Uhr | **Tipp** Shopping: Wer hier nicht Geschäftsmann ist, dem bleibt nur das Shopping im Fuß des Wolkenkratzers.

93 __ Şark Kahvesi

Heißer Sand im historischen Shoppingcenter

Im Menschengewühl des Großen Basars, in dem Touristen die halbe Zeit damit beschäftigt sind, einander nicht zu verlieren, übersieht man den schönen Ort schnell. Dabei wäre er der ideale Treffpunkt, an dem man sich vorab verabreden könnte, um sich wiederzufinden.

Das Şark-Café ist weniger historisch, als es den Anschein macht. Im Gegensatz zum Basar, der auf eine rund 500-jährige Tradition zurückblicken kann, ist das Café erst 55 Jahre alt. Die Holzvertäfelung bis auf halbe Raumhöhe suggeriert, dass hier schon immer ein Café war. In ihrem nicht getäfelten oberen Teil unterstützen die vergilbten Wände den Eindruck: Der jahrzehntelange Nikotingenuss – heute verboten – hat seine Spuren hinterlassen. Einzig das Deckengewölbe verrät, dass einfach mehrere Buden zusammengelegt und zu einem Café transformiert wurden. Das alles tut dem Ambiente keinen Abbruch. Im Eingangsbereich steht ein riesiger Mörser, mit dem einst Kaffeebohnen gemahlen wurden, an der Wand ein Samowar, wie man ihn heute bei den Händlern auf dem Basar wohl nicht mehr findet. Eine Pendule, ein farbiger Lüster, der eher in eine Weinspelunke passt, alte Fotos an den Wänden, und unter den Gemälden entdeckt man den klugen Sufi-Narren Nasreddin Hoca. Wer sich setzt, überlegt unwillkürlich, ob die Tischtücher nicht doch von einem Teppichladen nebenan kommen, so dick sind sie.

Das Personal besteht aus lauter alten Männern, die Kundschaft aus Händlern, die hier eine Pause einlegen, und ein paar älteren Stammkunden, die alle Zeit der Welt zu haben scheinen … und gelegentlich verirrt sich dann doch ein Tourist hierher.

Der Kaffee wird hier übrigens auf eine besondere Weise zubereitet. Er wird auf heißem Sand, langsam und gleichmäßig, zum Kochen gebracht. Wir geben Oğuz Bey, dem Besitzer des Şark Kahvesi recht: Das hier ist kein Café, das ist ein Kaffeehaus. Wiener verstehen den Unterschied bestimmt.

Adresse Yağlıkçılar Cad. 134, Kapalı Çarşı, Beyazıt | **ÖPNV** Tram T 1, Haltestelle Beyazıt | **Öffnungszeiten** Mo – Sa | **Tipp** Das Şark-Café ist im Zentrum des Basars. Man hat die Wahl zwischen Gold-, Teppich- und anderen Basarstraßen – und das Problem, einen Ausgang zu finden. Einfach nach oben gehen!

94__ Sinans Grabmal

Wo Mimar Sinan den Kopf verlor

Die Süleymaniye-Moschee gehört zu jedem touristischen Programm. Sie trägt mit ihren Minaretten zur Silhouette der Stadt bei und ist eines der wichtigsten Werke Sinans. Dass der berühmteste Baumeister seiner Zeit hier auch sein Grabmal hat, wissen die wenigsten. Wir finden es außerhalb der Moscheemauern an der nördlichen Ecke des Süleymaniye-Komplexes – ein schlichter überkuppelter Bau, zu dem vier Stufen hochführen, vom Meister selbst entworfen.

Über Mimar Sinan (Architekt Sinan) weiß man einiges. Er stammt aus einer christlichen Familie, wurde bei der »Knabenlese«, wie man das Pflücken von jungen Christen für die osmanische Armee nannte, zwangsislamisiert, war Militäringenieur, später unglaublich produktiver Architekt, insbesondere von Moscheen, und starb im hohen Alter von 98 Jahren. Umstritten ist seine Herkunft. Geboren in Kayseri, vielleicht aber auch in Karaman. Vermutlich war er Armenier, vielleicht aber auch griechisch-orthodoxer Christ, als solcher möglicherweise sogar türkischsprachig.

In den 1930er Jahren ist rassistisches Denken auch in der Türkei angekommen. Das Problem, ob der große Sinan nicht doch Türke sei, beschäftigt einige Rassenideologen. Die staatliche Gesellschaft für Geschichte will die Diskussion ein für alle Mal beenden: Sinan wird exhumiert, sein Schädel vermessen. Resultat: brachycephale Form, hurra: Sinan ist Türke! Das Grab wird wieder verschlossen, der Schädel aber nach Ankara transportiert und landet beim Anthropologen Hasan Cemil Çambel, möglicherweise auch beim Schädelvermesser Şevket Aziz Kansu, vielleicht auch im Depot der Philosophischen Fakultät. Insgesamt sollen in jener Zeit 64.000 türkische Schädel vermessen worden sein, Atatürk hielt den seinen dem besagten Şevket Aziz Kansu noch zu Lebzeiten hin.

Als man in den 1950er Jahren Sinans Grabmal renovierte, stellte man fest: Der Kopf fehlt! Er wird immer noch gesucht …

Adresse Mimar Sinan Cad., Süleymaniye | **ÖPNV** Tram T 1, Haltestelle Üniversite, Beyazıt oder Eminönü; Schiff, Anlegestelle Eminönü – jeweils noch 15 Minuten Fußweg | **Tipp** Süleyman-Moschee: Sie ist Sinans größtes Bauwerk in Istanbul. Daneben finden sich die Gräber von Süleyman I. und Roxelane, seiner Lieblingsfrau, die ihre Karriere als Sklavin begann.

95 Die Soğukçeşme-Gasse

Ein Automobilclub betreibt Denkmalschutz

In den 1970er und 1980er Jahren, als es Jugoslawien noch gab, fuhren jährlich Hunderttausende türkischer Gastarbeiter über den sogenannten Autoput in ihre Heimat, um bei Verwandten den Urlaub zu verbringen. An der türkischen Grenze konnten sie für 50 Mark ein »Carnet de passage« erwerben und damit problemlos ihr Auto ein- und wieder ausführen. Das Verfahren spülte viel Geld in die Kassen des Türkischen Touring- und Automobilclubs (TTOK), der mit dem Zoll- und Finanzministerium eine entsprechende Vereinbarung unterzeichnet hatte.

In Istanbul genoss der TTOK dank dem umtriebigen Çelik Gülersoy einen guten Ruf. Als Präsident des Clubs kämpfte Gülersoy für die Verschönerung der Stadt. Unter seiner Regie finanzierte der TTOK mit den Geldern der Gastarbeiter unter anderem die Restauration der Soğukçeşme-Gasse.

Das Sträßchen zwischen der Hagia Sophia und der Mauer des Topkapı-Palastes war einst die Wohnadresse hoher Staatsbeamter. Nachdem die Sultane im 19. Jahrhundert ihre Residenz in den Dolmabahçe-Palast am Bosporus verlegt hatten, zog der obere Mittelstand in die schöne Gasse ein. Später brach ein Feuer aus, und schließlich verlotterten die Häuser gänzlich. Seit der 1986 abgeschlossenen Restaurierung zeigt die Soğukçeşme Sokağı eine Reihe schmucker, im osmanischen Stil des 19. Jahrhunderts gehaltener Holzhäuser. Dazu gehört auch ein größerer gelber Bau. Er beherbergt die von Gülersoy initiierte »Istanbul-Bibliothek«, die angeblich jedes Buch besitzt, das je über die Stadt erschienen ist.

Die »kalte Quelle«, die der Gasse den Namen gab, war eine zu byzantinischen Zeiten genutzte Zisterne. Im 20. Jahrhundert wurde der von sechs massiven Säulen unterteilte Raum als Werkstatt benutzt. Dann schritt der TTOK auch hier ein. Heute ist die Zisterne, die an eine riesige Krypta erinnert, Teil des Restaurant Sarnıç (Zisterne), das hier zum teuren Candle-Light-Dinner einlädt.

Adresse Soğukçeşme Sok., Gülhane | **ÖPNV** Tram T 1, Haltestelle Gülhane | **Tipp**
Topkapı-Palast: Das Top-Museum der Stadt ist von Touristen überrannt. Vom Haar des Bartes des Propheten bis zum berüchtigten Harem ist alles zu sehen. Aber gesehen haben muss man es.

96 __ Die Stephanskirche

Kirchenbau nach dem Ikea-Prinzip

Die Stephanskirche, auch Eiserne Kirche genannt, war einst Sitz des Bulgarisch-Orthodoxen Exarchen und dient noch heute den bulgarischen Christen Istanbuls als Gotteshaus. Um die bulgarische Orthodoxie zu verstehen, muss man kurz in die Geschichtsbücher schauen.

Fast 500 Jahre lang stand Bulgarien unter osmanischer Herrschaft. Im Jahr 1870 billigte Sultan Abdülaziz den bulgarisch-orthodoxen Christen per Dekret das Recht auf ein Exarchat zu. Das bedeutete eine weitgehende Autonomie gegenüber dem ökumenischen Patriarchen, der sich dem Diktat des Hofs höchst ungern beugte. Nach dem Russisch-Türkischen Krieg wurde Bulgarien 1878 ein unabhängiger Staat. Das Exarchat bestand weiter bis 1953, dann wurde es in das neue Bulgarisch-Orthodoxe Patriarchat von Sofia integriert.

Mit dem Dekret von 1870 war das Selbstbewusstsein der Bulgaren gestiegen, sie wollten ihre bisherige Holzkirche durch einen repräsentativeren Bau ersetzen. Der Auftrag erging an einen armenischen Architekten. Dieser fand den Boden am Goldenen Horn zu wenig stabil für ein Gebäude aus Stein und entwarf eine Kirche, die komplett aus Stahl und Gusseisen bestehen sollte. Den Auftrag für die Herstellung der einzelnen Elemente erhielt eine Gießerei in Wien. Dort wurde nach den Angaben des Armeniers gegossen, dann baute man die Kirche zur Kontrolle auf, zerlegte sie wieder und verschiffte die Einzelteile mitsamt gusseisernen Bolzen über die Donau und das Schwarze Meer nach Istanbul. Eineinhalb Jahre lang montierte und schweißte man am Goldenen Horn. Das Puzzle ging auf, und 1898 stand die neobarocke Stephanskirche so komplett wie zuvor in Wien. Was auf den ersten Blick wie Marmor ausschaut, ist alles Gusseisen, außen wie innen, Dekor inklusive.

Eisen bröckelt nicht, aber es korrodiert. Seit einiger Zeit steht die Kirche im Korsett – auf das Datum der Wiedereröffnung will sich keiner festlegen.

Adresse Mürsel Paşa Cad. 75, Balat | **ÖPNV** einfacher mit dem Taxi | **Tipp** Am Goldenen Horn entlang auf dem breiten Grünstreifen Richtung Süden spazieren. Wer müde ist, findet problemlos ein Taxi.

97 Sultanahmet Köftecisi

Meister Selims Köfteparadies

Köfte, Hackfleischbällchen vom Lamm oder Rind oder von beidem gemischt, ist das bekannteste und meist auch billigste Fleischgericht der türkischen Küche und zählt nicht unbedingt zu deren raffinierten Höhepunkten. Gewürzt wird von Koch zu Koch verschieden, oft mit einer fixfertigen Mischung, die stets Kreuzkümmel, süßen Pfeffer, Nelken und mehr enthält. Serviert werden Köfte gerne mit einer Portion Reis, leicht angebratenen Tomatenhälften und grünen Paprikaschoten. Das ist die klassische Variante, daneben gibt es zahlreiche weitere Arten der Zubereitung.

Einen Köfteci findet man auf Schritt und Tritt in Sultanahmet, aber »Sultanahmet Köftecisi« ist den Einheimischen ein Begriff. Die Köfte hier schmecken einfach besser. Warum das so ist, bleibt das Geheimnis des Chefkochs. Sein Erfolg hat mittlerweile eine ganze Reihe von »Sultanahmet Köftecisi« entstehen lassen – alles Trittbrettfahrer. Das originale Lokal hat jetzt seinem Namen ein »tarihi« (historisch) vorangestellt: »Tarihi Sultanahmet Köftecisi«. Die Marke ist geschützt, darunter steht »Selim Usta« (Meister Selim).

Selims Urgroßvater kam 1920 aus Turkmenistan nach Istanbul, verliebte sich in die Stadt und in eine Frau und eröffnete ein Kebap-Lokal, wo er sein turkmenisches Wissen über die Köfte-Zubereitung in die Praxis umsetzte. Die Kundschaft war begeistert. 1964 bezog die Köfte-Familie die jetzigen Räumlichkeiten. Selim, der an der Kasse steht, ist ein Urenkel des turkmenischen Immigranten. Er hat viel zu tun: Die einen wollen zahlen, die anderen suchen einen Platz. Oft weist er nach oben, das Lokal läuft über drei Etagen. Aus der Küche neben dem Eingang werden ununterbrochen Teller mit Köfte auf die Durchreiche gestellt.

Der Salat mit Bohnen kommt ungefragt auf den Tisch. Man könnte hinterher auch etwas anderes als Köfte bestellen, aber daran denkt hier niemand. Meister Selims Hackfleischbällchen sind einfach zu gut.

Adresse Divan Yolu 12, Sultanahmet | **ÖPNV** Tram T 1, Haltestelle Sultanahmet | **Tipp** Die Binbirek-Zisterne auf der anderen Seite des Platzes ist nicht ganz so spektakulär wie die berühmte Yerebatan-Zisterne, dafür muss man nicht anstehen.

98__ Sulukule

Gentrifizierung an der Stadtmauer

Für Istanbuler Männer war Sulukule noch bis in die 1980er Jahre mehr als nur ein Stadtviertel, Sulukule war ein Begriff. An der Theodosianischen Landmauer ging man zu den »Çingene«, die heute in der Türkei politisch korrekt »Romanlar« genannt werden. Das uralte Volk der Roma, schon über 1000 Jahre an der Mauer zu Hause, spielte seine Musik, tanzte, Mädchen bauchtanzten, in die knappe Bekleidung wurden Lira-Scheine gesteckt, und oft bekam man gegen eine Dose Bier noch ein bisschen mehr Haut zu sehen. Prostitution – da sind sich alle seriösen Berichterstatter einig – war nie im Spiel. Von Prostitution sprach erst die Stadtregierung, der das bunte Leben an der Mauer schon länger ein Dorn im Auge war. Sie suchte nach der Lösung eines Problems, das eher ihr eigenes als das der Roma von Sulukule war, und fand sie in dem, was man heute Gentrifizierung nennt.

Zugegeben, die Häuser in Sulukule waren arg heruntergekommen. Das galt aber auch für weite Teile im Stadtteil Fatih, zu dem Sulukule gehört. Fatih ist stark religiös geprägt, auf den Straßen gehen schwarz verschleierte Frauen. Dass auch sie oft in abbruchreifen Häusern leben, scheint die Behörden nicht zu stören. Aber mit dem bunten Sulukule räumte man auf – und dies radikal. Die alten Häuser wurden abgerissen, heute stehen dort monotone Bauten in pseudo-osmanischem Stil, mit Balkon und Innenhöfen, die frisch gepflanzten Bäumchen werden noch wachsen. Mieter und Käufer werden gesucht. Die Preise sind so happig, dass die einstigen Bewohner sie sich nicht mehr leisten können, und so gut ist die Lage nun auch wieder nicht: Zur nächsten Tram- oder Metrostation braucht man ein Taxi.

Und wo sind die Opfer dieser Gentrifizierung geblieben, die Roma von Sulukule? Viele sind ein paar Straßen weiter gezogen, in den oberen Teil des alten jüdischen Viertels Balat, in dem heute kaum noch Juden zu finden sind – innerstädtische Völkerwanderung.

Adresse Sulukule, Edirnekapı | **ÖPNV** einfacher mit dem Taxi | **Tipp** Chora-Kirche: In der Nähe des Edirne-Tores. Sie gehört ins klassische Besuchsprogramm. Reisebusse werden dastehen. Trotzdem: Die freigelegten Mosaiken sind einmalig.

99 __ Surp Yerrortutyun Kilisesi
Weihrauch hinter Fischgeruch

Tausende drängen sich täglich durch den Fischmarkt Beyoğlus, an der armenischen Kirche Surp Yerrortutyun gehen sie alle vorbei. Sie liegt gut versteckt hinter einem eisernen Tor mit der Hausnummer 6, das im farbigen Marktgeschehen wegen Reizüberflutung kaum wahrgenommen wird.

Wer das schwere Tor aufstößt, gerät in eine ganz andere Welt. Vom Lärm des Fischmarktes ist nichts mehr zu hören, wenn man im Vorhof der Surp Yerrortutyun Kilisesi, der armenischen Dreieinigkeitskirche, steht. Die Geschichte des Baus ist recht kompliziert, zum letzten Mal wurde sie 1989 renoviert. Die Kirche gehört der armenisch-katholischen Gemeinschaft, einer Minderheit innerhalb der armenischen Christen, die sich mehrheitlich armenisch-apostolisch nennen. Auch das ist eine komplizierte Geschichte.

Besucher sind rar. Der Pförtner des Stiftungskomplexes beschränkt sich auf ein freundlich grüßendes Kopfnicken, im besten Fall beantwortet er auch Fragen. Meistens ist die Kirche geöffnet. Der prunkvolle vergoldete Hauptaltar im erhöhten Chor kontrastiert stark mit den nüchternen Seitenwänden. Linker Hand ist ein Bereich für das stille Gebet abgetrennt, ein weiterer Bereich ist den Geistlichen und Sängern vorbehalten. Die Messe wird jeden Sonntag gefeiert, sie dauert von 9 bis 12 Uhr, hinterher hängt der Weihrauch schwer im Raum.

Im zweiten Innenhof steht der schmucke Sarkophag von Hagop IV. Er sei ein großer Katholikos gewesen, erklärt der Pförtner. Mehr weiß er auch nicht. Besser kennt er sich im Nebengebäude links aus. Dort unterhält die Gemeinde in den Räumen der einstigen armenischen Schule ein Restaurant, und jetzt kommt der wortkarge Mann doch noch ins Schwärmen. Für Fremde ist das Restaurant allerdings nicht gedacht, und so zieht der Besucher das schwere Eisentor wieder auf und steht wieder im Trubel des Fischmarkts. Die armenische Kirche ist weit weg – irgendwo in einer anderen Welt.

Adresse Sahne Sok. 6, Galatasaray | **ÖPNV** Metro M 2, Haltestelle Şişhane oder Taksim; Tünel-Bahn, obere Haltestelle; Untergrund-Drahtseilbahn Taksim – Kabataş, obere Haltestelle | **Tipp** Avrupa Pasajı: Die quirlige Europa-Passage beginnt schräg gegenüber dem Eingang zur Kirche. Im Obergeschoss sieht man Statuen, im Erdgeschoss reihen sich Läden aller Art.

100__Tatbak

Lahmacun im Luxusviertel

Im Stadtteil Nişantaşı sind die Schönen und Reichen zu Hause. Fashion ist angesagt, arrivierte Modeschöpfer unterhalten hier einen Showroom, noch nicht arrivierte suchen einen. Von der Luxusuhr bis zur Luxussuite im Design-Hotel findet man alles, sofern man tief genug in die Tasche greift.

Mitten in diesem Universum von Stöckelschuhen und Gel für Haut und Haar wirkt »Tatbak« wie ein Relikt aus vergangenen Zeiten, wie eine Schwarz-Weiß-Fotografie im Farbfoto-Album. Als Hasan Katıkçı 1960 in Nişantaşı sein Lokal eröffnete, war der Stadtteil in erster Linie eine halbwegs zentral gelegene Wohnadresse, Luxusbedürfnisse stillte man in Beyoğlu. Hasan kam aus dem südostanatolischen Gaziantep nach Istanbul, um sein Glück in der Großstadt zu versuchen. Er war gerade 19 Jahre alt, als er sich in Nişantaşı selbstständig machte. Seine Spezialität waren Lahmacun – dünne Teigfladen mit Hackfleisch, auf die viel Salat gelegt wird, Gewürze kommen dazu. Der Begriff »türkische Pizza«, mit dem in Deutschland dafür geworben wird, trifft die Sache nicht, Lahmacun ist Lahmacun.

Rund um Tatbak ist das neue Nişantaşı entstanden, Hasan ist einfach geblieben, schließlich lief sein Lokal gut. Heute stehen mittags die Leute Schlange für einen freien Tisch. Die Kellner – in Gilet und Krawatte – brauchen eine gute Kondition, auch in der ersten Etage ist alles rappelvoll. Am Eingang steht Hasan – mittlerweile über 70 Jahre alt – und begrüßt freundlich jeden einzelnen Kunden. Mancher ist Stammgast geworden.

Natürlich kann man auch anderes bestellen – Adana-Spieße, Urfa-Kebap, Hackfleischbällchen und mehr –, aber Tatbaks Bestseller bleiben seine hauchdünnen Lahmacun: von Hand zusammenrollen, dem leisen Krachen des Fladens zuhören und in den Mund schieben. Am besten bestellt man gleich zwei oder drei Stück. Ein kühler Ayran (gesalzene Buttermilch) schmeckt hervorragend dazu.

Adresse Akkavak Sok. 28/A, Nişantaşı | **ÖPNV** Metro M 2, Haltestelle Osmanbey | **Öffnungszeiten** Mo–Sa | **Tipp** Mudo Concept: Ein Möbelhaus, das auch viele andere Sachen verkauft, die das Leben angenehm machen – auch Souvenirs, die in der Handtasche Platz haben (Akkavak-Şakayık Sok. 47/2).

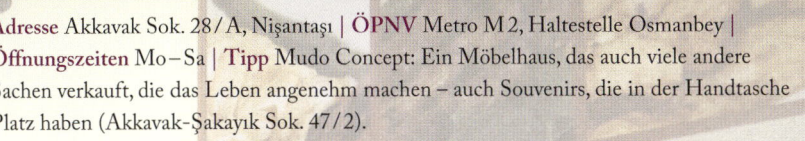

Tatbak

Kuruluş, 1960

ÇORBALAR
EZO GELIN

BAŞLANGIÇLAR
ÇIĞ KÖFTE
BULGUR PILAVI   ₺ 5,00
FINDIK LAHMACUN   ₺ 3,50
FINDIK KUŞBAŞI ETLI PIDE   ₺ 4,50

SALATALAR
YEŞIL SALATA   ₺ 6,00
ÇOBAN SALATASI   ₺ 6,00
HAVUÇ SALATASI
SÖĞÜŞ SALATA
EZME SALATA
KÖZDE
LAHMACUN SALATASI   ₺ 5,00
YOGURT   ₺ 3,50

PIDELER
KUŞBAŞI ETLI PIDE   ₺ 14,00
SUCUKLU PIDE   ₺ 14,00
KIYMALI PIDE   ₺ 13,00
BEYAZ PEYNIRLI PIDE   ₺ 13,00
KAŞAR PEYNIRLI PIDE   ₺ 14,00
KARIŞIK PIDE   ₺ 20,00
LAHMACUN   ₺ 6,00

KEBAPLAR
URFA KEBAP (ET & PILIÇ)
ACILI URFA KEBAP (ET & PILIÇ)   ₺ 15,00
HALEPIŞI KEBAP
YOĞURTLU KEBAP   ₺ 23,00
ICLI KEBAP   ₺ 23,00
ALI NAZIK KEBAP   ₺ 23,00
BEYTI KEBAP (ET & PILIÇ)   ₺ 23,00
TATBAK BEYTI   ₺ 25,00
KAŞARLI BEYTI   ₺ 25,00
FISTIKLI KEBAP   ₺ 25,00
SIMIT KEBABI (WHEAT KEBAP)   ₺ 25,00
TATBAK DÜRÜM   ₺ 23,00
KARIŞIK YOĞURTLU KEBAP   ₺ 23,00
KARIŞIK   ₺ 19,00
KUZU ŞIŞ (LAMB SHISH)
PILIÇ ŞIŞ (CHICKEN SHISH)   ₺ 19,00
KANAT (CHICKEN WINGS)
PATLICAN KEBAP (AUBERGINE KEBAP)   ₺ 35,00
ESPEŞYAL KEBAP
DOMATESLI KEBAP   ₺ 15,00

TATLILAR
KAYMAKLI KADAYIF   ₺ 6,00
CEVIZLI KADAYIF

MEŞRUBATLAR
SU (Water)
SODA (Mineral Water)   ₺ 2,50
COCA-COLA   ₺ 2,50
LIGHT COLA   ₺ 3,50
ŞALGAM (Acili & Acisiz)   ₺ 3,50
FANTA   ₺ 3,50
AYRAN (Yoghurt Drink)   ₺ 1,50
ÇAY   ₺ 3,00
TÜRK KAHVESI   ₺ 1,50
   ₺ 3,00

101__ Telli Baba

Heiratsvermittlung aus der Gruft

Wie findet ein türkisches Mädchen einen passenden Mann? Die moderne junge Türkin klickt sich durch einschlägige Internet-Plattformen und Singlebörsen oder flirtet im Social Network. In meist armen, religiösen Kreisen kümmern sich oft die Eltern um das Problem. Man schaut sich bei Bekannten um, trifft sich mit den Eltern eines potenziellen Bräutigams und erzählt dort beiläufig von den Vorzügen seines Mädchens. Will sich der gewünschte Erfolg partout nicht einstellen, hilft nur noch der Gang zu Telli Baba.

Die Gruft des ehestiftenden Volksheiligen finden wir weit oben am Bosporus. Der Eingang wirkt so prosaisch wie der eines Luftschutzbunkers. Ist man aber hinuntergestiegen, so steht man in einer anderen Welt. Die Identität des Mannes, der im Sarg liegt, ist unklar, aber das tut seiner Wirkung keinen Abbruch. Heiratsvermittlung ist Telli Babas Spezialität, und mehrheitlich sind die Besucher weiblichen Geschlechts. Doch auch andere Wünsche können erfüllt werden: Gesundheit, gute Freundschaften oder einfach ein neues Auto.

Der nach islamischer Tradition mit einem grünen Tuch bedeckte Sarg ist mit silbernen Lamettafäden bedeckt. Das Prozedere ist einfach: ein Stück Lametta abschneiden – Scheren sind vorhanden – und sich auf seinen Wunsch konzentrieren. Ein Gebet kann nicht schaden – nicht zum Heiligen, sondern zu Allah, Menschen werden im Islam nicht angebetet. Das Lametta nimmt man mit nach Hause. Später, wenn der Wunsch in Erfüllung gegangen ist, pilgert man wieder zu Telli Baba und gibt ihm den Lamettafaden zurück – so hat alles seine Ordnung.

Eine Tafel neben dem Sarg schlägt vor, was man sich wünschen kann: Freundschaft, Glück und mehr. Aber Telli Baba setzt auch Grenzen. Wer sich etwa Reichtum wünscht, dem rät er zur Genügsamkeit. Und wem all die aufgezählten Vorschläge nicht reichen, dem ist ein Platz in der Hölle zugedacht. So steht's geschrieben.

Adresse Rumeli Kavak Yolu 72, Sarıyer | **ÖPNV** Schiff, Anlegestelle Sarıyer, und dann 20 Minuten zu Fuß am Bosporus entlang oder mit dem Taxi | **Öffnungszeiten** täglich 9 – 18 Uhr | **Tipp** Fischmarkt in Sarıyer: Das Schwarze Meer ist nah, Sarıyer ist bei Kennern für seinen lebhaften Fischmarkt bekannt und bei Gourmets für seine Fischlokale.

102__ Tophane-i Amire

Kunst statt Kanonen

Der massive Bau mit seinen fünf Kuppeln und den vielen Entlüftungstürmchen gab einem ganzen Stadtteil den Namen: Tophane, auf Deutsch »Kanonengießerei«. Sultan Mehmet II. hatte 1453 zur Eroberung Konstantinopels den besten Büchsenmacher seiner Zeit engagiert, einen Ungarn namens Urban. Dieser ließ im 200 Kilometer entfernten Edirne eine riesige Kanone gießen, für deren Transport nach Konstantinopel 60 Ochsen benötigt wurden. Meister Urbans 600 Kilo schweren Geschosse rissen die entscheidende Bresche in die Theodosianische Landmauer, Konstantinopel war erobert. Mehmet II. war von der Durchschlagskraft der Riesenkugeln so begeistert, dass er gleich eine Kanonengießerei vor Ort errichten ließ. Spätere Sultane vergrößerten die Waffenschmiede und bauten sie um. Das heutige »Tophane« ist bereits das vierte und stammt aus dem frühen 19. Jahrhundert. Wer aufmerksam um das Gebäude herumgeht, sieht nicht nur alte Kanonenrohre, sondern auch die früheren Ausgänge, wo diese verladen und vermutlich auf die wartenden Kriegsschiffe gezogen wurden.

Mitte des 20. Jahrhunderts wurde der Bau restauriert, er sollte dem Militärmuseum angegliedert werden. Doch daraus wurde nichts, die Armee nutzte die alte Kanonengießerei vielmehr als Depot. Ein solches sah jedenfalls der Amerikaner John Freely, einer der besten Kenner Istanbuls und Verfasser eines Standardwerkes über die Stadt. Er notierte nach seinem Besuch anfangs der 1970er Jahre: »Der Innenraum wirkt sehr eindrucksvoll und ließe sich gut als Ausstellungshalle nutzen.«

20 Jahre später griff die nahe Mimar-Sinan-Universität der Schönen Künste die Idee auf, vielleicht kam sie auch selber darauf. Seit 1993 ist die osmanische Kanonengießerei in ihrem Besitz und nur noch zu besichtigen, wenn Ausstellungen gezeigt werden. Die Räumlichkeiten sind ideal, das Programm ist anspruchsvoll: Kunst statt Kanonen.

Adresse Boğazkesen Cad., Tophane | **ÖPNV** Tram T 1, Haltestelle Tophane | **Öffnungszeiten** Di–So 10–17 Uhr | **Tipp** Nusretiye Cami: 200 Meter stadtauswärts an der Bosporusstraße. Die barockisierende Moschee aus dem 19. Jahrhundert begründet einen neuen Stil, geprägt von der armenischen Architektendynastie Balyan (Meclis-i Mebusan Cad.).

103_Das Trotzki-Haus

Wo Simenon den russischen Revolutionär besuchte

Leo Trotzki war zweifellos der berühmteste Gast des 20. Jahrhunderts auf Büyükada – und der am besten bewachte. Von Stalin des Landes verwiesen und später gejagt, fand der russische Revolutionär 1929 in der noch jungen türkischen Republik Asyl. Nach einigem Hin und Her stellte man ihm auf der größten der Prinzeninseln eine passable Bleibe zur Verfügung. Mit seiner Frau, drei Sekretären, die gleichzeitig als Bodyguards funktionierten, und zusätzlich von der türkischen Polizei bewacht, verbrachte Trotzki vier Jahre im »Yanaros Köşkü«, einer schmucken Villa, die sich heute in einem ziemlich lamentablen Zustand präsentiert.

Hier schrieb Trotzki seine Autobiografie »Mein Leben« sowie die »Geschichte der Russischen Revolution«, Pamphlete gegen Stalin und vor allem Visa-Gesuche in aller Herren Länder – an einen Lebensabend auf der Insel dachte der unruhige Geist nämlich nicht. Ansonsten las er die stets verspätet eintreffende Tagespresse und frönte seiner liebsten Passion, dem Fischen. Einiges von dem, was wir über Trotzki auf Büyükada wissen, stammt aus der Feder von Georges Simenon. Der schon damals gefeierte Maigret-Autor suchte 1933 im Auftrag der Tageszeitung »Paris-Soir« den Revolutionär für ein Interview auf.

Trotzkis lange, trockene Antworten sind heute kaum mehr zu genießen, eher noch Simenons Beschreibung der Örtlichkeit: »Villen säumen die Straße. Viele sind zu vermieten oder zu verkaufen … Die Fensterläden sind geschlossen, aber die Gärten sind voller Rosen, so groß, dass sie dick scheinen, und weiter unten das ruhige blaue Meer.« Das stimmt auch heute noch: Wer das Trotzki-Haus sucht, sieht unterwegs viele Rosen und andere Blumen, auch geschlossene Fensterläden, es ist ein wunderbarer Spaziergang. Und schließlich steht man vor dem rosafarbenen Haus: heruntergekommen, unbewohnt, wild wuchernde Vegetation – aber kein Schild, dass es zu verkaufen wäre.

Adresse Hamlacı Sok. 4, Büyükada | **ÖPNV** Schiff, Anlegestelle Büyükada | **Tipp**
Kutschenfahrt und Baden: Etwas oberhalb des Hauses verläuft die Kutschenroute.
Wer »Prenses Plajı« als Ziel nennt, findet dort einen Badestrand mit Infrastruktur vor:
eintrittspflichtig, mit Restaurant, Liegen und Sonnenschirmen.

104_ Tünel

Die zweitälteste U-Bahn der Welt

Am Tag zuvor hatte man probeweise ein paar Tiere mit der Bahn hochgeschickt – sie überlebten. So konnte man unbesorgt am 17. Januar 1875 die Champagnerkorken knallen lassen und feierlich die neue Metro einweihen. Die Blaskapelle schmetterte erst den Aziziye-Marsch für Sultan Abdülaziz II., dann »God Save the Queen«. Schließlich war es eine britische Company, dank der die Finanzierung gesichert war. Das Osmanische Reich steuerte damals direkt auf den Staatsbankrott zu.

Talstation in Karaköy, Bergstation in Beyoğlu, zwei Stationen, mehr nicht. Die Fahrt mit der Standseilbahn dauert nur 90 Sekunden. Aber die Definition einer U-Bahn kümmert sich weder um die Anzahl der Stationen noch um die Fahrtdauer noch um die Antriebstechnik. Eine Bahn, die unterirdisch verläuft, ist eine U-Bahn, und die Istanbuler haben die nach der Londoner »Tube« zweitälteste U-Bahn der Welt. Sie sind stolz auf ihren »Tünel«. Wer einmal zu Fuß – am besten in der Mittagshitze – von Karaköy nach Beyoğlu hochgestiegen ist, wird das verstehen.

Der Weg von der Dampfmaschine zum elektrischen Antrieb, historische und statistische Daten und mehr – all das ist an den Informationstafeln in den beiden Bahnhöfen zu lesen. Die Bahnhöfe ihrerseits sind mit ihren gekachelten Wänden auch einen Besuch wert. Oben angekommen, lenken wir unsere Schritte zum Haus schräg gegenüber dem Tünel-Eingang, erkennbar an einem hohen, geziegelten Kamin. Es ist das ehemalige Werkstattgebäude, in dem vor der Elektrifizierung der Tünel-Bahn die Dampfmaschinen gewartet wurden. Heute wird es von der IETT benutzt, der Istanbuler Verkehrsgesellschaft, zuständig für Busse, Metros, Straßenbahnen und auch für die Tünel-Bahn. Vielleicht ist hier auch nur ein Ruheraum für IETT-Angestellte. Wir wollten den schlafenden Concierge jedenfalls nicht stören. Sonst hätten wir die alte Dampfmaschine gesehen, die hier gehütet wird.

Adresse Karaköy, Beyoğlu | **ÖPNV** Tünel-Bahn, untere und obere Haltestelle | **Tipp**
Buchhandlung Kırmızı Kedi (Rote Katze): Wenn man fündig geworden ist, setzt man
sich zur Lektüre in die Passage gegenüber dem oberen Tünel-Ausgang.

105 Türk-Alman Kitabevi

»Orient und Okzident sind nicht mehr zu trennen.«

Auf der Flaniermeile des alten Pera mit ihren grellen Shops und Design-Cafés wirkt die Türkisch-Deutsche Buchhandlung wie ein Relikt aus den 1950er Jahren. In seiner Unaufdringlichkeit konkurriert das Geschäft allenfalls noch mit dem Laden der »Bible Society« im selben Haus. Statt einer großen Glasfront nur eine bescheidene Vitrine, keine exquisite Dekoration, die um Aufmerksamkeit heischt, und abends nicht einmal eine Leuchtschrift über dem Eingang. Thomas Mühlbauer braucht keine Reklame, seine Kundschaft hat er auch so.

In Istanbul geboren und nach dreizehn Jahren Deutschlandaufenthalt an den Bosporus zurückgekehrt, hat Thomas die 1955 von seinem Vater gegründete Buchhandlung übernommen. In der türkisch-deutschen Bücherwelt findet sich alles, was Türken brauchen, die sich für die deutsche Kultur, und was Deutsche brauchen, die sich für die türkische Kultur interessieren. Sprachlehrbücher und Lexika für beide Sprachen, Max Frisch auf Türkisch, Orhan Pamuk auf Deutsch, archäologische, historische und kunsthistorische Literatur über die Türkei, Reisebücher, Istanbul-Führer, Stadtpläne, Koch- und Kinderbücher und in der oberen Etage bis an die Decke fachspezifische medizinische und technische Literatur.

Ganz nebenbei hat sich das Türk-Alman Kitabevi zu einer Anlaufstelle für Deutsche in Istanbul entwickelt: Am schwarzen Brett neben dem Eingang werden Sprachkurse angeboten, einer sucht eine Wohnung, ein anderer ein deutschsprachiges Kindermädchen – und jeder verlässt den Laden mit einem Buch unter dem Arm.

Goethes Feststellung, dass Orient und Okzident nicht mehr zu trennen seien, wäre hinzuzufügen, dass am Schnittpunkt von West und Ost der freundliche Thomas Mühlbauer an einer Decke für den west-östlichen Diwan webt. Fehlt nur noch das Möbel selber, in das man sich fläzen und in einem Buch schmökern könnte. Aber dafür hat der kleine Laden nicht genug Platz.

türk alman kitabevi

türkisch deutsche buchhandlung
josef mühlbauer

İstiklal Cad. No: 237   Tel: 0212 293 77 31   e-mail: info@tak.com.tr   http://www.tak.com.tr

Adresse İstiklal Cad. 237, Tünel-Beyoğlu | **ÖPNV** Tünel-Bahn, obere Haltestelle; Metro M 2, Haltestelle Şişhane | **Tipp** Café Lebon: fast nebenan, einer der wenigen Profiteroles-Spezialisten der Stadt.

106_ Das Türkisch-Orthodoxe Patriarchat

Das vererbte Patriarchat

Die Tafel am Eingang der Marienkirche in Karaköy macht stutzig: »Türkisch-Orthodoxes Patriarchat«. Dahinter versteckt sich eine eher operettenhafte Geschichte. Während des türkischen Befreiungskrieges gründete ein Priester namens Zeki Erenerol eine eigene Kirche mit dem Ziel, die orthodoxe Kirche zu türkisieren. Er ließ sich 1923 zum Patriarchen ausrufen und nannte sich fortan Eftim I. Zeitweise genoss er die Unterstützung der noch jungen, republikanischen Türkei. Man überließ ihm immerhin drei Kirchen. Weniger begeistert davon zeigte sich verständlicherweise der Patriarch von Fener, dem die orthodoxen Christen Istanbuls – ob griechisch- oder türkischsprachig – weiterhin die Treue hielten. Er exkommunizierte Eftim I. umgehend. Der selbst ernannte Gegenpatriarch hatte zunehmend Mühe, Geistliche für seine kleine Gemeinde zu finden. Schließlich weihte er kurzerhand die männlichen Mitglieder seiner Familie. Bei seinem Tod folgte sein Sohn, der sich Eftim II. nannte, dann dessen Bruder Eftim III., dann dessen Sohn Eftim IV., von dem man nichts mehr hört, seit er 2008 in die Mühlen des berühmt-berüchtigten Ergenekon-Prozesses geraten ist. Seine Schwester, Pressesprecherin der Familienkirche, wurde im selben Prozess 2013 zu lebenslanger Haft verurteilt.

Der Patriarch ist verschwunden, aber die Marienkirche steht offen, zumindest am Sonntag um 11.30 Uhr, wenn die Liturgie gefeiert wird. Über einen Vorraum mit zahlreichen Ikonen gelangt man ins dreischiffige Innere: viel vergoldetes Holz, links eine prunkvolle Kanzel, ihr gegenüber der nicht minder prunkvolle, verwaiste Patriarchenthron. Die Liturgie zelebrierten bei unserem Besuch zwei Geistliche, unterstützt von zwei Gehilfen, im Kirchenraum waren zwei Frauen die einzigen Besucherinnen, dem Aussehen nach Mutter und Tochter. Vielleicht sind die sechs die letzten Mitglieder der Familie Erenerol.

Adresse Alipaşa Değirmeni Sok., Karaköy | ÖPNV Tram T 1, Haltestelle Tophane | Tipp Café Karabatak: Angenehmes Ambiente zum Kaffee, für dessen Qualität das österreichische Traditionsunternehmen Julius Meinl bürgt (Kara Ali Kaptan Sok. 7).

107 Die Universität Istanbul

Deutsche Dankbarkeit

Der »Deutsche Brunnen« im Sultanahmet-Bezirk wird deutschen Touristen gern gezeigt. Mit der Inschrift von 1898 dankt Wilhelm II. Seiner Majestät Abdülhamid II. – Freundschaft zwischen zwei Kaisern oder Männerfreundschaft, wie das heute bei nicht blaublütigen, politischen Machthabern heißt.

Welch ein Unterschied zur Gedenktafel, die Richard von Weizsäcker 1986 im Park der Universität anbringen ließ! Der Präsident der Bundesrepublik dankt im Namen des deutschen Volks dem türkischen Volk.

Über dem Eingangstor zur Universität prangt stolz die Jahreszahl 1453. Mehmed II. ließ gleich nach der Eroberung Konstantinopels eine Schule bauen, auf die sich die heutige Universität beruft. Besser stünde über dem Tor 1933; in diesem Jahr nämlich gründete Atatürk die »İstanbul Üniversitesi«. Zuvor hatte er vom Genfer Pädagogen Albert Malche den bisherigen Lehrbetrieb analysieren lassen. Malches Rapport bemängelte vor allem die Professorenausbildung. Atatürk schloss darauf kurzerhand die alte osmanische Schule und begann mit 78 Professoren einen Neuanfang. Das war 1933, als in Deutschland die ersten Juden und Sozialisten ihrer akademischen Ämter enthoben wurden. Von Atatürks 78 Professoren waren 65 Ausländer, darunter viele, die sich rechtzeitig vorm Naziterror retteten wie der Jurist Ernst Eduard Hirsch oder der Ökonom Fritz Neumark. Zahlreiche kamen in den Folgejahren hinzu: 1934 der Mediziner Erich Frank und der Chemiker Fritz Arndt, 1936 der Literaturwissenschaftler Erich Auerbach … die Liste ist lang. Der Beitrag der von Hitler vertriebenen Wissenschaftler zum Aufbau der Universitäten von Istanbul und Ankara ist unumstritten. Die Türkei kann dankbar sein.

Weizsäcker hat den Spieß umgedreht: Deutschland dankt. Seine Inschrift ist zweisprachig und zeugt von Geschichtsbewusstsein, die des Kaisers ist einsprachig und zeugt eher von übersteigertem Selbstbewusstsein.

N DANKBARKEIT DEM TÜRKISCHEN VOLK,
AS VON 1933-1945 UNTER DER FÜHRUNG
ON STAATSPRÄSIDENT ATATÜRK AN SEINEN
KADEMISCHEN INSTITUTIONEN DEUTSCHEN
HOCHSCHULLEHRERN ZUFLUCHT GEWÄHRTE

IM NAMEN DES DEUTSCHEN VOLKES
RICHARD VON WEIZSÄCKER
PRÄSIDENT DER BUNDESREPUBLIK DEUTSCHLAND
29. MAI 1986

Adresse Ordu Cad., Beyazıt | **ÖPNV** Tram T1, Haltestelle Üniversite | **Tipp**
Beyazıtturm: Mitten im Park der Uni steht einsam der ehemalige Feuermeldeturm,
heute ohne Funktion.

✶ WILHELM II DEUTSCHER KAISER ✶
✶ STIFTETE DIESEN BRUNNEN IN ✶
DANKBARER ERINNERUNG AN
SEINEN BESUCH BEI SEINER
MAJESTÄT DEM KAISER DER
✶ OSMANEN ABDUL HAMID II ✶
✶ IM HERBST DES JAHRES 1898 ✶

108__Unkapanı Pilavcısı

Ambulante Gastronomie

Der Mann ist schon fast eine Institution in Istanbul, seit Jahrzehnten steht er am Aquädukt in Unkapanı, Abend für Abend, oft bis zum Morgengrauen. Ambulante Reisverkäufer gibt es noch hier und dort in Istanbul, doch der von Unkapanı ist etwas Besonderes. Bis vor wenigen Jahren noch stand er mit seinem Wagen vorne am stark befahrenen Atatürk-Boulevard. Taxifahrer hielten an, sprangen aus dem Wagen, verdrückten eine Portion Reis mit Huhn, unterhielten sich mit Kollegen. Das Geschäft des »Pilavcı« (Reisverkäufer) lief so gut, dass der Mann zum Verkehrshindernis wurde.

Heute steht er mit seinem riesigen Schubkarren etwas zurückgezogen am Platz. Vielleicht wurde seinetwegen eine Stufe zwischen Platz und Straße hinbetoniert. Autofahrer müssen nun erst einen Parkplatz finden, um an den begehrten Reis zu kommen. Wer nachts noch unterwegs ist, auf dem Weg zur Arbeit oder auch nur, um einen Abendspaziergang zu machen, der schaut hier vorbei. Der Reisstand von Unkapanı ist zum Meeting Point geworden, und schnell sind auch ein paar Tische und Plastikstühle organisiert. Die meisten Kunden aber essen im Stehen. Der unermüdliche Pilavcı schöpft Kelle für Kelle aus seinem riesigen Reisbehälter. Gegessen wird mit der Plastikgabel aus dem Kartonteller, mancher lässt sich seine Portion in eine Plastiktüte packen und verschwindet damit nach Hause. Oben auf dem Reiskarren thront ein großes hölzernes Fass, aus dem kühler Ayran gezapft wird. Salz und Pfeffer hängen in großen Behältern am Gefährt und auch ein Plastikkübel für das unentbehrliche Ketchup – eine ambulante Gastronomie mit festem Standplatz.

Der »Unkapanı Pilavcısı« steht nur abends da, meist erst nach Einbruch der Dunkelheit. Wer früher dort ist, findet am Platz sein Lokal. Dort kann man den gleichen schmackhaften Reis und das gleiche Hühnerfleisch essen, im Porzellanteller und mit Metallgabel. Doch auf dem Platz schmeckt es besser.

Adresse Atatürk Bulv., Unkapanı-Fatih | **ÖPNV** einfacher mit dem Taxi | **Tipp** IMÇ: Der moderne Markt daneben entstand mit der Verkehrsschneise in den 1960er Jahren und war als Stoffhändlermarkt geplant. Später wurde er Zentrum der Musikwelt, heute sind hier diverse einzelne Händler zugange.

109__ Vefa Bozacısı

Süßlich, prickelnd und eine Prise Zimt dazu

Boza ist ein Wintergetränk, das schon die zentralasiatischen Steppenvölker kannten, später breitete es sich im ganzen Osmanischen Reich aus. Das aus Getreide, Wasser und Zucker vergorene Getränk wird in Istanbul hier und dort von Straßenverkäufern angeboten, ist mehr oder weniger dickflüssig und schmeckt erfrischender, als es aussieht. Touristen stehen einem Versuch oft erst ablehnend gegenüber und kommen dann doch noch auf den Geschmack.

Die beste Boza der Stadt, da sind sich Istanbuler einig, findet man im Stadtteil Vefa. Dort wird das Getränk beim Vefa Bozacısı seit 1876, heute in fünfter Familiengeneration, hergestellt. »Vefa Bozacısı« heißt einerseits einfach »Boza-Macher in Vefa«, ist gleichzeitig aber auch eine eingetragene Marke und der Name des Lokals, in dem man die Boza kaufen oder auch nur an der Theke kosten kann.

Die Basis der Boza ist je nach Region unterschiedlich, sie kann Mais, Weizen, Bulgur oder Hirse sein, vielleicht auch noch anderes Getreide. Vefa Bozacısı arbeitet mit Hirsegrieß, die Produktion findet in der thrazischen Stadt Çorlu statt. Dort wird der Fermentierungsprozess penibel überwacht, bis die Köstlichkeit schließlich in Vefa eintrifft. Dann gehört nur noch eine Prise Zimt darübergestreut, und die süßlich prickelnde Boza schmeckt hervorragend. Kenner streuen ein paar Kichererbsen (leblebi) obendrauf, das neutralisiert die Säure. Der Laden läuft ausgezeichnet, gegenüber hat ein cleverer Trittbrettfahrer einen Kirchererbsenladen eröffnet.

Zwischen den renovierungsbedürftigen Häusern fällt die gepflegte Fassade von Vefa Bozacısı wohltuend auf, der kleine Degustationsladen ist ein angenehmer Aufenthaltsort, und schnell ist man bei der nächsten Boza. Berühmtester Gast des Hauses war übrigens Atatürk. Das Glas, aus dem er getrunken hat, ist im Regal an der Wand zu sehen. Es wird gehütet wie ein Haar aus dem Bart des Propheten.

Adresse Katip Çelebi Cad. 104/1, Vefa-Fatih | **ÖPNV** einfacher mit dem Taxi | **Tipp** Rathaus: Istanbul anders – ein typischer Bau aus den 1950er Jahren. Die funktional-nüchterne Architektur ist von Oscar Niemeyer inspiriert (Şehzadebaşı Cad.).

110_ Yıldız Şale

Ein Gasthaus für den Kaiser

Im Yıldız-Park über dem Bosporus steht ein ganzer Komplex von Palästen, stattlichen Gebäuden und Köşks aus dem 19. Jahrhundert, ohne dass ein einheitliches Baukonzept auszumachen wäre. Eines der schönsten Gebäude ist das Yıldız Şale. Der Name bezieht sich auf das schweizerische »Chalet«, obwohl man Chalets dieser Größenordnung in der Schweiz nicht kennt. Auch das Yıldız Şale hat eine mehrteilige Baugeschichte, die nicht zuletzt mit dem deutschen Kaiser Wilhelm II. zusammenhängt, den sein Freund und Gastgeber, Sultan Abdülhamid II., hier komfortabel unterbringen wollte.

Dreimal weilte der deutsche Kaiser im Şale. Sein erster Besuch 1889 war etwas kurzfristig angekündigt, das Haus wurde eiligst zu repräsentativen Zwecken aufgemöbelt. Für den zweiten Besuch 1898 hatte man mehr Zeit und baute einen ganzen Trakt an. Beim dritten Besuch 1917 war sein Freund Abdülhamid II. schon entmachtet.

Gegenüber dem Çırağan-Palast, heute Hotel Kempinski, führt von der Bosporusstraße ein Weg durch den Park nach oben. Vor dem Eingang muss man meist kurz warten, die hochherrschaftlichen Räume sind nur mit Führung zu besichtigen. Diese ist jedoch durchaus spektakulär: ein Empfangssaal mit viel Blattgold, ein Schlafraum mit Prunkbett, Baldachin und Bad, ein Bankettsaal mit arabischem Perlmutt-Dekor, das »Ovale Zimmer«, beim ersten Besuch des Kaisers noch Tee-Salon, beim zweiten als Schlafraum hergerichtet, schließlich mussten auch die Kaiserin und ihre sieben Sprösslinge standesgemäß untergebracht werden. Prunkvolle Kamine, riesige Lüster – die Führung endet am Eingang zum Festsaal, wo ein 406 Quadratmeter großer Teppich aus der Werkstatt von Hereke Staunen erregt. Ein Konvoi von Ochsengespannen transportierte ihn aus der rund 80 Kilometer entfernten Stadt hierher, eine Wand musste abgerissen werden, damit man ihn überhaupt in den Saal bekam – alles für den deutschen Kaiser.

Adresse Park Yolu, Yıldız-Beşiktaş | **ÖPNV** Schiff, Anlegestelle Beşiktaş oder Ortaköy und jeweils 15 Minuten zu Fuß | **Öffnungszeiten** Di/Mi und Fr–So 9.30–17 Uhr | **Tipp** Essen im Park. Schwierig zu sagen, ob man besser im Malta Köşkü oder im Çadır Köşkü isst. Beide sind empfehlenswert und schick.

111__Der Zil-Laden Istanbul

Janitscharen, Charlie Watts und Ginger Baker

Die Galipdede-Straße ist die Straße der Musikinstrumentenverkäufer. In den Schaufenstern dominieren E-Gitarren, auf der Straße stehen Darbukken, kelchförmige Trommeln mit einseitig aufgespanntem Kunststofffell. Flöten wie die türkische Ney sind im Verkauf und mehr. Zwei Geschäfte haben sich auf die Zil spezialisiert, wie die metallenen Becken der Schlagzeuger auf Türkisch heißen.

Die Zil kam bei den Janitscharen zu Ehren. In deren Marschmusik spielte sie zusammmen mit Trommel und Triangel die Hauptrolle. Janitscharenkapellen waren auf dem Schlachtfeld stets mit dabei, motivierten die Soldaten zum Kampf und feierten hinterher den Sieg. Berühmtester Hersteller der Metallbecken aus Kupfer und Zinn war der Armenier Avedis Zildjian, der im 17. Jahrhundert erst für den Sultan, dann selbstständig arbeitete. Er begründete eine Zilbauer-Dynastie, die seit 1929 ihren Sitz in Massachusetts hat und heute weltweit die Nummer eins in der Kunst der Herstellung der Metallbecken ist. Drummer wie Charlie Watts von den Rolling Stones oder der legendäre Ginger Baker bearbeiteten mit Zildjian-Schlägeln ihr Zildjian-Becken.

Die berühmten Zildjian-Becken wird man im »Zil-Laden Istanbul« nicht finden, aber die anderer bekannter Hersteller wie zum Beispiel Agop, auch ein Armenier. Er begann mit neun Jahren im Armenierviertel Samatya zu arbeiten und verkaufte seine ersten Produkte an der Galipdede-Straße. Heute führen seine Söhne das Geschäft, in Kalifornien wurde eine Filiale eröffnet, gearbeitet wird aber immer noch in Istanbul. Auf den Becken ist »Handmade cymbals from Turkey« eingraviert.

Der Zil-Laden Istanbul hat ein beachtliches Sortiment von Becken im Angebot, der Besitzer ist kompetent. Professionelle Musiker testen den Klang der Becken und hören dumpfe, halb dumpfe, helle, trockene und dreckige Töne heraus. Der Laie klopft mit dem Knöchel und lauscht dem metallenen Klang nach.

Adresse Galipdede Cad. 55, Tünel-Beyoğlu | **ÖPNV** Tünel-Bahn, obere Haltestelle; Metro M2, Haltestelle Şişhane | **Tipp** Galata Mevlevihanesi: oben an der Straße; Derwisch-Museum mit kleinem Friedhof davor, gelegentlich Aufführungen mit tanzenden Derwischen.

Rüdiger Liedtke
**111 Orte auf Mallorca, die
man gesehen haben muss**
ISBN 978-3-89705-975-7

Susanne Thiel
**111 Orte in Madrid, die man
gesehen haben muss**
ISBN 978-3-95451-118-1

Ralf Nestmeyer
**111 Orte in der Provence,
die man gesehen haben
muss**
ISBN 978-3-95451-094-8

Peter Eickhoff
**111 Orte in Wien, die
man gesehen haben muss**
ISBN 978-3-89705-969-6

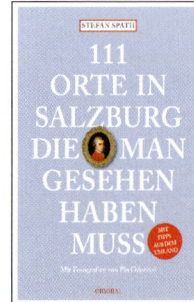

Stefan Spath
**111 Orte in Salzburg, die
man gesehen haben muss**
ISBN 978-3-95451-114-3

Regine Zweifel
**111 Orte in Paris, die man
gesehen haben muss**
ISBN 978-3-89705-823-1

Dirk Engelhardt
**111 in Barcelona, die man
gesehen haben muss**
ISBN 978-3-95451-066-5

John Sykes
**111 Orte in London, die
man gesehen haben muss**
ISBN 978-3-95451-117-4

Annett Klingner
**111 Orte in Rom, die
man gesehen haben muss**
ISBN 978-3-95451-219-5

Thomas Fuchs
111 Orte in Amsterdam, die man gesehen haben muss
ISBN 978-3-95451-209-6

Stefan Spath / Gerald Polzer
111 Orte im Salzkammergut, die man gesehen haben muss
ISBN 978-3-95451-231-7

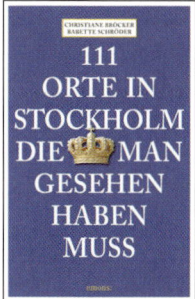

Christiane Bröcker,
Babette Schröder
111 Orte in Stockholm, die man gesehen haben muss
ISBN 978-3-95451-203-4

Petra Sophia Zimmermann
111 Orte am Gardasee und in Verona, die man gesehen haben muss
ISBN 978-3-95451-344-4

Rike Wolf
111 Orte in Hamburg, die man gesehen haben muss
ISBN 978-3-89705-916-0

Bernd Imgrund
111 Kölner Orte, die man gesehen haben muss
Band 1
ISBN 978-3-89705-618-3

Gabriele Kalmbach
111 Orte in Dresden, die man gesehen haben muss
ISBN 978-3-89705-909-2

Lucia Jay von Seldeneck,
Carolin Huder, Verena Eidel
111 Orte in Berlin, die man gesehen haben muss
ISBN 978-3-89705-853-8

Rüdiger Liedtke
111 Orte in München, die man gesehen haben muss
ISBN 978-3-89705-892-7

Daniela Bianca Gierok
und Ralf H. Dorweiler
**111 Orte im Schwarzwald, die
man gesehen haben muss**
ISBN 978-3-89705-950-4

Barbara Goerlich
**111 Orte auf der Schwäbischen
Alb, die man gesehen haben
muss**
ISBN 978-3-89705-948-1

Lucia Jay von Seldeneck,
Carolin Huder, Verena Eidel
**111 Orte in Berlin,
die Geschichte erzählen**
ISBN 978-3-95451-039-9

Stefanie Jung
**111 Orte in Mainz, die man
gesehen haben muss**
ISBN 978-3-95451-041-2

Gabriele Kalmbach
**111 Orte in Stuttgart, die
man gesehen haben muss**
ISBN 978-3-95451-004-7

Dietmar Bruckner, Jo Seuß
**111 Orte in Nürnberg, die
man gesehen haben muss**
ISBN 978-3-95451-042-9

Ulf Annel
**111 Orte in Erfurt, die
man gesehen haben muss**
ISBN 978-3-95451-022-1

Oliver Schröter
**111 Orte in Sachsen, die
man gesehen haben muss**
ISBN 978-3-95451-021-4

Reiner Vogel
**111 Orte in Regensburg, die
man gesehen haben muss**
ISBN 978-3-95451-054-2

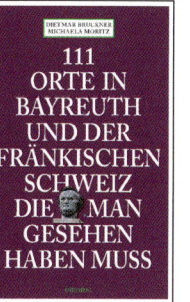

Dietmar Bruckner und
Michaela Moritz
**111 Orte in Bayreuth und der
Fränkischen Schweiz, die
man gesehen haben muss**
ISBN 978-3-95451-130-3

Christina Kuhn und
Christian Löhden
**111 Orte in der Pfalz, die
man gesehen haben muss**
ISBN 978-3-95451-085-6

Oliver Schröter
**111 Orte für echte Männer,
die man gesehen haben
muss**
ISBN 978-3-95451-228-7

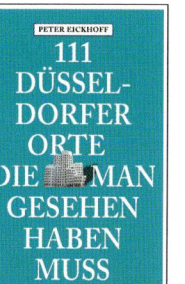

Peter Eickhoff
**111 Düsseldorfer Orte, die
man gesehen haben muss**
ISBN 978-3-89705-699-2

Bernd Imgrund
**111 deutsche Wirtshäuser,
die man gesehen haben muss**
ISBN 978-3-95451-080-1

Cornelia Kuhnert
**111 Orte in Hannover, die
man gesehen haben muss**
ISBN 978-3-95451-086-3

Dietlind Castor
**111 Orte am Bodensee, die
man gesehen haben muss**
ISBN 978-3-95451-063-4

Fabian Pasalk
**111 Orte im Ruhrgebiet, die
man gesehen haben muss**
ISBN 978-3-89705-814-9

Bernd Imgrund
**111 Orte in der Eifel, die
man gesehen haben muss**
ISBN 978-3-95451-003-0

Der Autor

Marcus X. Schmid, geboren 1950 in der Schweiz, ist Autor mehrerer Reisebücher und arbeitet als Übersetzer. Istanbul bereist er seit 1981 regelmäßig und ist fasziniert von der rasanten Entwicklung der Metropole, aber auch von ihrer Geschichte, deren Spuren er auf Schritt und Tritt findet – und nicht zuletzt auch vom vielfältigen kulinarischen Angebot am Bosporus.

Der Fotograf

Halûk Uluhan, Jahrgang 1956, wohnt in Istanbul und fotografiert seit 35 Jahren leidenschaftlich Menschen und Landschaften in seiner Heimat. Er ist professioneller Reiseleiter und kommt viel herum – Gelegenheiten, die Türkei und Istanbul mit seiner Kamera unter stets neuen Blickwinkeln zu entdecken.